Cartea de bucate cu brânză ricotta bogată și cremoasă

Peste 100 de rețete delicioase pentru fiecare ocazie, de la aperitive până la deserturi, inclusiv mâncăruri italiene clasice și răsturnări creative ale preferințelor tradiționale

Valentin Gheorghiu

Material de drepturi de autor ©2023

Toate drepturile rezervate

Fără acordul scris corespunzător al editorului și al proprietarului drepturilor de autor, cartea sa nu poate fi folosită sau distribuită în nici un fel, formă sau formă, cu excepția citatelor scurte utilizate într-o recenzie. Această carte nu trebuie considerată un substitut al sfaturilor medicale, juridice sau de altă natură profesională.

INTRODUCERE

Brânza ricotta este un ingredient versatil care poate fi folosit într-o varietate de feluri de mâncare, de la dulce la sărate. Făcută din zerul rămas de la fabricarea brânzei, această brânză cremoasă și îngăduitoare are o textură ușor granulată, care o face perfectă pentru adăugarea în orice, de la clătite și brioșe până la lasagna și coji de paste umplute.

În această carte de bucate, am adunat unele dintre cele mai delicioase și creative rețete care prezintă versatilitatea brânzei ricotta. Fie că sunteți în căutarea unei noi idei de mic dejun, a unei rețete de cină savuroasă sau a unui desert decadent, îl veți găsi aici.

Cu peste 75 de rețete din care să alegi, nu vei rămâne niciodată fără idei pentru a folosi brânză ricotta. Începeți-vă ziua cu bine cu ricotta și clătite cu afine sau pregătiți un lot de ricotta și omletă cu ierburi pentru un mic dejun savuros. Pentru prânz sau cină, încercați scoici umplute cu ricotta și spanac sau pizza cu ricotta și pesto. Iar pentru desert, răsfățați-vă cu o felie de cheesecake ricotta sau cu un lot de prăjituri ricotta cu lămâie.

Brânza ricotta nu numai că este delicioasă, dar este și ușor de făcut acasă. Am inclus instrucțiuni pentru a vă pregăti propria brânză ricotta proaspătă, astfel încât să vă puteți bucura de bunătatea cremoasă oricând doriți. Iar pentru cei care caută idei de asociere, am inclus sugestii pentru combinarea ricotta cu diferite ingrediente și arome, astfel încât să vă puteți crea propriile combinații delicioase.

Indiferent dacă sunteți un iubitor de brânză sau doar căutați câteva idei de rețete noi, Cartea de bucate pentru brânză ricotta bogată și cremoasă are câte ceva pentru toată lumea. Cu o fotografie uimitoare și instrucțiuni ușor de urmat, această carte de bucate va deveni cu siguranță o resursă de bază pentru toate nevoile dvs. de brânză ricotta.

MIC DEJUN

1. Acharuli khachapuri

Produce: 6

INGREDIENTE
ALUAT
- 2 cesti / 250 g faina de paine
- 1½ linguriță drojdie uscată activă cu creștere rapidă
- 1 ou mare crescător în aer liber, bătut
- ½ cană / 110 g iaurt grecesc
- ¼ cană / 60 ml apă călduță
- ½ linguriță sare

UMPLERE
- 1½ oz / 40 g brânză halloumi, tăiată în cuburi de ¼ inch / 0,5 cm
- 2 linguri / 20 g brânză feta mărunțită
- ¼ cană / 60 g brânză ricotta
- ¼ cană / 60 g brânză ricotta
- ¼ lingurita piper negru macinat
- ⅛ linguriță sare, plus suplimentar pentru a termina
- ½ linguriță de cimbru tocat, plus suplimentar pentru a stropi
- ½ linguriță za'atar
- coaja rasă de ½ lămâie
- 6 ouă mari de crescătorie în aer liber
- ulei de măsline, de servit

INSTRUCȚIUNI
a) Începeți cu aluatul. Cerneți făina într-un castron mare și adăugați drojdia. Se amestecă ușor. Faceți o fântână în centru și turnați jumătate din ou (păstrați cealaltă jumătate pentru a peria rulourile mai târziu), iaurtul și apa călduță. Presărați sare în jurul fântânii.
b) Începeți să amestecați amestecul, adăugând o fracțiune de apă dacă este necesar (nu mult; acest aluat trebuie să fie uscat), până când totul se reunește într-un aluat gros. Transferați pe o suprafață de lucru și frământați cu mâna timp de 10 minute, până obțineți un aluat moale, elastic, care nu este lipicios. Reveniți aluatul în bol, acoperiți cu un prosop și lăsați să crească la temperatura camerei până când își dublează volumul, 1 până la 1 oră și jumătate.

c) Frământați din nou pentru a elimina aerul. Împărțiți aluatul în 6 părți egale și rulați fiecare într-o bilă. Se aseaza pe o suprafata usor infainata, se acopera cu un prosop si se lasa sa creasca timp de 30 de minute.

d) Pentru a pregăti umplutura, combinați toate ingredientele, cu excepția ouălor și uleiului de măsline și amestecați bine. Puneți o foaie de copt în cuptor și preîncălziți la 425 ° F / 220 ° C.

e) Pe o suprafață bine făinată, rulați bilele de aluat în cercuri de 6½ inchi / 16 cm în diametru și aproximativ ⅙ inch / 2 mm grosime. Puteți face acest lucru cu un sucitor sau întinzându-l cu mâinile.

f) Puneți aproximativ o șesime din umplutura de brânză în centrul fiecărui cerc și întindeți-o ușor la stânga și la dreapta, astfel încât să ajungă aproape la cele două margini ale cercului. Luați partea dreaptă și stângă între degete și prindeți-le în timp ce întindeți puțin aluatul pentru a crea un aluat alungit, în formă de barcă, cu brânza în centru. Îndreptați pereții laterali și încercați să-i faceți de cel puțin 1¼ inci / 3 cm înălțime și lățime, astfel încât să existe suficient spațiu în centru pentru a ține brânza, precum și întregul ou care va fi adăugat ulterior. Ciupiți din nou capetele pentru a nu se deschide în timpul gătirii.

g) Ungeți rulourile cu jumătate de ou rămasă și puneți-le pe o foaie de hârtie de copt de dimensiunea foii de copt. Presărați niște frunze de cimbru peste rulouri. Scoateți foaia de copt din cuptor, puneți rapid pergamentul și rulourile pe tavă și puneți tava direct înapoi în cuptor. Coaceți 15 minute, până când marginile au un bronz auriu.

h) Scoateți foaia de copt din cuptor. Rupeți un ou într-o ceașcă mică. Fără a-l rupe, ridicați ușor gălbenușul cu degetele și puneți-l în centrul uneia dintre rulouri. Se toarnă cât mai mult albuș, apoi se repetă cu ouăle și rulourile rămase. Nu vă faceți griji dacă se revarsă niște albușuri de ou; totul face parte din farmecul rustic. Puneți tava la cuptor și coaceți timp de 5 minute. Albușurile trebuie să fie întărite, iar gălbenușurile să rămână curgente. Lăsați să se răcească 5 minute înainte de a stropi cu ulei de măsline, stropiți cu sare și serviți.

2. Mic dejun Tiramisu

Produce: 2

INGREDIENTE:
- ¾ cană de ricotta, lapte integral sau degresat
- 1 lingura zahar alb granulat
- ¼ de linguriță extract pur de vanilie
- 8 doamne crocante
- ¾ de cană espresso sau cafea neagră puternic preparată
- ¼ cană de ciocolată semidulce tocată
- Boabele proaspete

INSTRUCȚIUNI:
a) Într-un castron mic, bate ricotta cu zahărul și extractul de vanilie. Gustați și adăugați mai mult zahăr și/sau vanilie, dacă este necesar.
b) Pune espresso-ul într-un castron mare, puțin adânc.
c) Puneti aproximativ 2 linguri de amestec de ricotta in fiecare bol. Stropiți cu puțină ciocolată și câteva fructe de pădure. Înmuiați degetele în cafea și puneți 2 degete în fiecare bol. Repetați straturile: brânză, ciocolată, fructe de pădure și degete.
d) Acoperiți fiecare vas cu folie de plastic și puneți-l la frigider pentru cel puțin patru până la șase ore pentru a permite straturilor să se amestece. Se serveste rece.

3. Mini gogoși ricotta umplute cu Nutella

Face: aproximativ 24 gogoși

INGREDIENTE:
- Ulei de canola (pentru prajit)
- ¾ cană făină universală
- 2 lingurite praf de copt
- ¼ lingurita sare
- 1 cană de brânză ricotta
- 2 ouă mari
- 2 linguri de zahar granulat
- 2 lingurite extract de vanilie
- ½ cană Nutella
- Zahăr pudră (opțional)

INSTRUCȚIUNI:
a) Într-un castron mic, amestecați făina, praful de copt și sarea; pus deoparte.
b) Într-un castron mare, bateți branza ricotta, ouăle, zahărul și vanilia. Adăugați ingredientele uscate și amestecați până se omogenizează bine.
c) Turnați ulei de canola într-o oală adâncă, cu fundul greu, de aproximativ 1 ½ inch adâncime. Încălziți uleiul la aproximativ 370 ° F, folosind un termometru pentru prăjire.
d) Puneți ușor bile de aluat de dimensiunea unei lingură în ulei, picurând ușor pentru a obține cea mai rotundă minge posibilă. Se prăjește câte 4-5, întorcându-se din când în când, până devin aurii, 3-4 minute. Folosind un clește, transferați gogoșile pe un prosop de hârtie pentru a se scurge. Repetați până se epuizează aluatul. Lasă gogoșile să se răcească până când sunt ușor de manevrat.
e) Transferați Nutella într-o seringă sau într-o pungă cu vârf lung și ascuțit. Poate fi util să încălziți Nutella în cuptorul cu microunde timp de aproximativ 30 de secunde. Faceți o gaură mică în gogoși, apoi introduceți seringa și umpleți cu Nutella. Cantitățile vor varia, dar ar trebui să aveți o idee bună despre cât de mult Nutella intra în fiecare. Repetați cu toate gogoșile.

f) Se presară cu zahăr pudră, dacă se dorește, și se servește.

4. Crêpe cu spanac cu brânză

Face: 4 portii

INGREDIENTE:
- 3 ouă
- 1 cană de lapte
- 1 lingura de unt topit
- ¾ cană făină universală
- ¼ lingurita Sare
- 2 căni Havarti mărunțit, SAU elvețian
- Brânză Mozzarella, împărțită
- 2 căni de brânză Cottage SAU Ricotta
- ¼ cană parmezan ras
- 1 ou, usor batut
- Pachet de 10 uncii de spanac tocat congelat
- 300 g, dezghețat și stors uscat
- ¼ lingurita Sare
- ⅛ linguriță de piper
- 1½ cană sos de roșii

INSTRUCȚIUNI:
PENTRU CRÊPES:
a) Amestecă ingredientele într-un blender sau robot de bucătărie timp de 5 secunde.
b) Răzuiți părțile laterale și amestecați aluatul încă 20 de secunde. Acoperiți și lăsați să stea cel puțin 30 de minute.
c) Încinge o tigaie antiaderentă de 8 inci la foc mediu. Se unge cu unt topit. Amestecați aluatul. Turnați aproximativ 3 linguri de aluat în tigaie și răsturnați rapid tigaia pentru a acoperi fundul. Gatiti pana cand fundul este usor rumenit, aproximativ 45 de secunde. Întoarceți Crêpe cu o spatulă și gătiți aproximativ 20 de secunde.
d) Transferați pe o farfurie. Repetați cu aluatul rămas, ungeți tigaia cu puțin unt topit înainte de a găti fiecare Crêpe. Produce: 10 până la 12 crêpe. Selectați 8 Crêpes.
PENTRU UMPLURE:

e) Rezervați ½ cană de brânză Havarti. Combinați ingredientele rămase. Puneți ½ cană de umplutură de brânză pe fiecare crêpe și rulați.

f) Puneți cu cusătura în jos într-o tavă de copt unsă de 13 x 9 inci. Se toarnă deasupra sos de roșii. Se presară cu brânză Havarti rezervată. Coaceți într-un cuptor la 375F, timp de 20 până la 25 de minute sau până când se încălzește.

5. Mic dejun tartă cu brânză

Randament: 1 porție

Ingredient
- Aluat pentru plăcintă de 9 inci; Utilizați Crusta de plăcintă de bază
- 8 uncii brânză elvețiană sau Jarlsberg; tăiate în bucăți
- 1 lire sterline Brânză ricotta
- 3 ouă
- 1 mediu Ceapă; tocat fin
- 2 Caței de usturoi; presat
- ½ lingurita piper alb
- 2 medii roșii coapte mari; decojite și tăiate felii subțiri
- 1 lingurita Ulei de măsline extra virgin
- 1 lingura Arpagic proaspăt tăiat
- 1 lingura Pătrunjel tocat
- 1 lingurita cimbru proaspăt tocat; (optional)
- 1 lingurita Busuioc proaspăt tocat; (optional)

Directii

a) Preîncălziți cuptorul la 450 de grade. Folosiți o tavă de tartă de 9 inch pe 1 inch cu fund detașabil. Pulverizați bine cu spray de gătit sau uns cu generozitate.

b) Apăsați aluatul pentru a se potrivi în tavă. Tăiați ușor la aproximativ 1 inch dincolo de marginea tigaii, apoi pliați înapoi peste margine și sertiți pentru a face marginea canelată atractivă și robustă. Tapetați tava cu folie de aluminiu pe care ați pulverizat-o cu spray de gătit pe ambele părți, apoi puneți o tavă de sticlă de 8 sau 9 inci în interiorul foliei.

c) Întoarceți ansamblul cu susul în jos pe tava de prăjituri și coaceți timp de 9 minute. Scoateți tava din cuptor, răsturnați și îndepărtați farfuria de plăcintă și folia.

d) Reveniți la cuptor și coaceți încă 5 minute. Scoateți din cuptor și lăsați deoparte. Coborâți temperatura cuptorului la 350 de grade. În blender sau vasul de lucru al robotului de bucătărie, combinați Jarlsberg, ricotta, ouăle, ceapa, usturoiul și ardeiul.

e) Se rotește până se omogenizează și se amestecă bine. Se toarnă uniform în coaja coaptă, se așează tava pe tava pentru biscuiți.

Coaceți timp de 25 până la 30 de minute până când umplutura este parțial întărită. Între timp, scurgeți feliile de roșii pe prosoape de hârtie. Scoateți tarta din cuptor.

f) Aranjați deasupra marginii felii de roșii. Reveniți la cuptor și coaceți 30 până la 35 de minute, până când cuțitul introdus în centru iese curat. Ungeți roșiile cu ulei de măsline, stropiți cu ierburi proaspete. Lasă să stea 20 de minute. Scoateți părțile laterale ale tavii de tartă apăsând în sus pe fundul detașabil.

g) Se aseaza pe un platou rotund, se orneaza cu ierburi proaspete si se serveste.

Aperitive

6. Rulouri de friptură cu spanac și anghinare

INGREDIENTE
- 1 lb. friptură de flanc
- 1 15,5 oz. cutie de inimioare de anghinare, scurse si tocate
- 2 c. baby spanac, tocat
- 2 catei de usturoi, tocati
- 1 c. ricotta
- 1/2 c. Cheddar alb mărunțit
- sare cușer
- Piper negru proaspăt măcinat

Directii:
a) Preîncălziți cuptorul la 350°. Pe o placă de tăiat, friptură de fluture pentru a face un dreptunghi lung, care să se întindă.
b) Într-un castron mediu, combinați anghinarea, spanacul, usturoiul, ricotta și cheddarul și condimentați generos cu sare și piper.
c) Unti friptura cu dip de spanac-anghinare. Rulați strâns friptura, apoi tăiați rondele și coaceți până când friptura este gătită până la nivelul dorit, 23 până la 25 de minute pentru mediu. Serviți cu verdeață îmbrăcată.

7. Roți sărate de feta-spanac

Face: 10 porții

INGREDIENTE:
- 5 căni de făină universală
- 1½ linguriță de sare
- 2 linguri Praf de copt
- ½ cană parmezan ras
- ½ lingurita piper negru
- 1½ linguriță Busuioc uscat
- 8 uncii unt rece; tăiat în bucăți mici
- 1¾ cană smântână grea
- 2 oua; bătut
- ½ kg brânză feta mărunțită; drenat
- 1½ cană brânză ricotta
- ½ linguriță Mărar uscat
- ½ lingurita piper negru
- 24 uncii spanac tocat congelat; dezghețat și stors
- 2 oua; bătut

INSTRUCȚIUNI:
a) Preîncălziți cuptorul la 375 de grade. În robotul de bucătărie, combinați făina, sarea, praful de copt, parmezanul, piperul și busuiocul.
b) Adăugați untul și procesorul pentru impulsuri până când amestecul seamănă cu textura făinii de porumb.
c) Adaugam smantana si 2 oua si amestecam pentru a omogeniza. Scoateți aluatul și rulați pe suprafața ușor făinată până la aproximativ ½ inch grosime.
d) Pentru a face umplutură, combinați feta, ricotta, mărarul, piperul și spanacul în mixer sau robot de bucătărie. Întindeți uniform umplutura peste dreptunghiul de aluat.
e) Începând cu marginea lungă, rulați aluatul peste umplutură. Tăiați aluatul rulat în lungimi de 2 inci și așezați roțile pe tava de copt ușor unsă.

f) Bateți două ouă și periați ușor fiecare roată. Coaceți 25-35 de minute, până se rumenesc ușor. Face 10 roți.

8. Crostini de ricotta și piersici

Produce: 16

INGREDIENTE:
- 16 felii de bagheta
- 4 uncii de pancetta feliată subțire
- ¼ cană busuioc tăiat felii subțiri
- 1 cană ricotta cu lapte integral
- 2 piersici mari, feliate subțiri
- 2 linguri ulei de masline
- 1 lingura miere
- ¼ cană glazură balsamică

INSTRUCȚIUNI:
a) Stropiți ușor puțin ulei de măsline pe cele două părți ale pâinii, apoi puneți-o deoparte.
b) Încinge grătarul.
c) Pâinea la grătar până devine aurie și crocantă, aproximativ 1 până la 2 minute pe fiecare parte.
d) Pune deoparte.
e) Într-o tigaie mică, la foc mediu, gătiți pancetta timp de 3-4 minute sau până când începe să devină crocantă.
f) Pancetta trebuie răsturnată și gătită până devine crocantă.
g) Transferați pe o farfurie acoperită cu prosoape de hârtie, apoi lăsați să se răcească.
h) Combinați ricotta și mierea într-un castron mic.
i) Întindeți o felie de baghetă cu o lingură de amestec de ricotta.
j) Continuați cu pâinea rămasă.
k) Adăugați câteva felii de piersică la fiecare bucată de pâine, apoi distribuiți uniform pancetta printre crostini.
l) Stropiți glazura balsamic peste crostini și acoperiți cu busuioc.

9. Crostini de salam si anghinare

Produce: 24 crostini

INGREDIENTE:
- 1 bagheta taiata in felii de ¼ inch
- ulei de masline
- 2 căni de brânză ricotta
- 10 felii subtiri de salam taiate in sferturi
- Cutie de 12 uncii la marinat inimioare de anghinare, tocate
- sare si piper dupa gust

INSTRUCȚIUNI
a) Setați cuptorul la 425 de grade Fahrenheit.
b) Folosiți covorașe de copt din silicon sau hârtie de copt pentru a căptuși o foaie de copt.
c) Ungeți un strat subțire de ulei de măsline pe fiecare felie de pâine înainte de a o pune pe tava de copt.
d) Coaceți pâinea în cuptor pentru aproximativ 5 minute până când este bine prăjită.
e) Scoateți din cuptor și răciți complet.
f) Ungeți fiecare felie de pâine cu brânză ricotta, asezonați cu sare și piper, apoi acoperiți cu salam și inimioare de anghinare tocate.

10. Crostini alla Carnevale

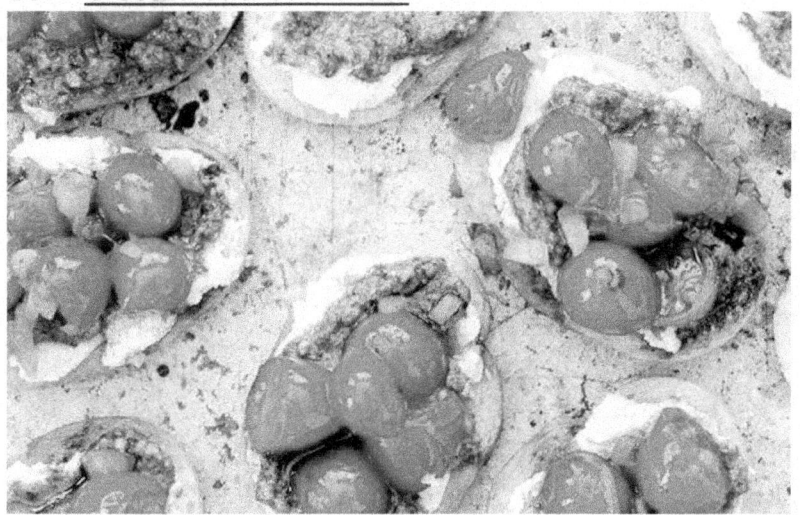

Produce: 16

INGREDIENTE:
- 16 felii subtiri de bagheta, taiate pe diagonala
- 2 linguri ulei de masline extravirgin
- 3 catei de usturoi, tocati, impartiti
- 4 uncii de brânză ricotta
- 4 uncii de brânză Asiago, Jack sau fontina, tăiată cubulețe
- 6-8 roșii cherry, tăiate în patru
- 2 linguri ardei rosu prajit tocat
- 2 linguri pesto de busuioc

INSTRUCȚIUNI:
a) Preîncălziți broilerul.
b) Turnați feliile de baghetă cu uleiul de măsline într-un castron și aranjați-le într-un singur strat într-o tavă de copt sau pe o tavă de copt. Prăjiți sub grill timp de aproximativ 5 minute sau până când devine ușor auriu. Scoateți și aruncați pâinea prăjită cu jumătate din usturoi. Pus deoparte.
c) Într-un castron mic, combinați usturoiul rămas cu brânză ricotta, Asiago, roșii cherry, ardei și pesto.
d) Acoperiți fiecare pâine prăjită cu o bucată mare de umplutură. Se aranjează pe tava de copt și se pune sub broiler până când brânza se topește și sfârâie, iar marginile pâinei prăjite sunt crocante și maro.

11. Prajituri cu branza ricotta

Randament: 5-8 portii

Ingrediente
- ½ kilograme de margarina
- 2 oua
- 1 kg brânză Ricotta
- 2 căni de zahăr
- 1 lingurita Praf de copt
- 1 lingurita de bicarbonat de sodiu
- 4 căni de făină
- 2 lingurițe extract de vanilie sau lămâie
- ¼ lingurita de nucsoara

Directii
a) Crema unt si zahar si apoi adauga extract. Adaugam ou, cate unul, batand bine dupa fiecare adaugare. Adăugați brânza și bateți 1 minut.
b) Adăugați încet ingredientele uscate. Puneți cu lingurițe pe o foaie de biscuiți neunsă. Se coace la 350° timp de 12-15 minute.
c) Se dau pe grătar să se răcească și se presară zahăr pudră dacă se dorește.

PASTE

12. Lasagna ascuțită

Produce: 4

INGREDIENTE:
- 1 ½ kilogram de cârnați italieni picant mărunțiți
- 5 căni de sos de spaghete din magazin
- 1 cană sos de roșii
- 1 lingurita condimente italiene
- ½ cană de vin roșu
- 1 lingura zahar
- 1 lingura ulei
- 5 mănuși de usturoi tocat
- 1 ceapa taiata cubulete
- 1 cană de brânză mozzarella mărunțită
- 1 cană de brânză provolone mărunțită
- 2 căni de brânză ricotta
- 1 cană brânză de vaci
- 2 ouă mari
- ¼ cană lapte
- 9 taitei lasagna taitei – prefierte ed
- ¼ cană parmezan ras

INSTRUCȚIUNI:
a) Preîncălziți cuptorul la 375 de grade Fahrenheit.
b) Într-o tigaie, rumeniți cârnații mărunțiți timp de 5 minute. Orice grăsime trebuie aruncată.
c) Într-o oală mare, combinați sosul de paste, sosul de roșii, condimentele italiene, vinul roșu și zahărul și amestecați bine.
d) Într-o tigaie se încălzește uleiul de măsline. Apoi, timp de 5 minute, căliți usturoiul și ceapa.
e) Încorporați cârnații, usturoiul și ceapa în sos.
f) După aceea, acoperiți cratita și lăsați-o să fiarbă timp de 45 de minute.
g) Într-un vas de amestec, combinați mozzarella și brânzeturile provolone.

h) Într-un castron separat, combinați ricotta, brânza de vaci, ouăle și laptele.
i) Într-o tavă de copt de 9 x 13, turnați 12 căni de sos în fundul vasului.
j) Acum aranjați tăițeii, sosul, ricotta și mozzarella în tava de copt în trei straturi.
k) Întindeți parmezan deasupra.
l) Coaceți într-un vas acoperit timp de 30 de minute.
m) Coaceți încă 15 minute după ce ați descoperit vasul.

13. Paste de dovlecel cu pui și broccoli

Produce: 4

INGREDIENTE
- 3 ½ căni buchețele de broccoli, tăiate
- 4 linguri ulei de masline
- Sare cușer
- Piper dupa gust
- 1 kilogram de paste de dovlecei, fierte
- ½ kg piept de pui tăiat cubulețe
- ½ cană parmezan ras
- 1 lingura de unt
- 4 linguri pline de ricotta

INSTRUCȚIUNI:
a) Preîncălziți cuptorul la 425 °F
b) Puneți broccoli într-o tavă de copt
c) Se amestecă broccoli cu 3 linguri de ulei, sare și piper
d) Se prăjește timp de 15 minute sau până când broccoli pare crocant, dar nu complet maro
e) Adăugați restul de linguri de ulei într-o tigaie mare, pusă la foc mediu-mare
f) Rumeniți puiul, despărțindu-l cu o furculiță până când este fiert, 5 până la 7 minute
g) Dați căldura la mare
h) Se amestecă până când lichidul pare emulsionat și picant
i) Adăugați pastele cu dovlecei, parmezan și unt în tigaie
j) Se amestecă cu clește până când totul este distribuit uniform, se adaugă mai multă apă pentru a se slăbi după cum este necesar
k) Împărțiți în 4 boluri
l) Acoperiți cu broccoli crocant, mai mult parmezan ras și o praf de brânză ricotta

14. Paste pesto cu nuci

Porții pe rețetă: 8

Ingrediente
- ulei de masline
- 2 lbs. spanac proaspăt, curățat
- 2 lbs. brânză ricotta fără grăsime
- 4 catei mari de usturoi, taiati cubulete
- 1/2 lingurita sare
- Piper negru proaspăt măcinat după gust
- 1/2 cană parmezan ras
- 1/3 cană nuci tăiate cubulețe, ușor prăjite
- 1 borcan (24 oz) de sos de rosii
- 16 tăiței lasagna proaspeți, nefierți
- 1/2 lb. mozzarella, rasă

Pesto de nuci:
- 3 cani de frunze proaspete de busuioc ambalate
- 3 catei mari de usturoi
- 1/3 cana nuci prajite usor
- 1/3 cană ulei de măsline extravirgin
- 1/3 cană parmezan ras
- Sare si piper dupa gust
- Ulei de măsline extravirgin suplimentar (pentru depozitare)

Directii
a) Setați cuptorul la 350 de grade F înainte de a face orice altceva și ungeți un vas de 13 x 9 inci cu spray de gătit.
b) Pentru pesto, într-un robot de bucătărie, adăugați busuiocul, usturoiul și nucile și presăm până se toacă mărunt. În timp ce motorul funcționează încet, adăugați uleiul și pulsul până se omogenizează și transferați într-un bol și amestecați parmezanul, sare și piper negru.
c) Într-un castron mare, amestecați brânza de vaci sau ricotta, jumătate din parmezan, pesto, spanac, usturoi, nuci, sare și piper negru.

d) Pune jumătate din sosul de roșii în fundul vasului de copt pregătit și pune 1 strat de tăiței lasagna nefierți peste sosul de roșii.

e) Peste tăiței se pune o treime din amestecul de spanac, urmat de 1/3 din mozzarella. Repetați straturile o dată și terminați cu ultimul strat de tăiței.

f) Acoperiți și gătiți la cuptor pentru aproximativ 35 de minute.

g) Descoperiți caserola și presărați partea de sus a lasagnei cu parmezanul rezervat și gătiți încă 15 minute.

15. Lasagna pesto

Porții pe rețetă: 8

Ingrediente
- 1/4 cană nuci de pin
- 3 cani frunze proaspete de busuioc
- 3/4 cană parmezan ras
- 1/2 cană ulei de măsline
- 4 catei de usturoi
- 12 taitei lasagna
- spray de gatit
- 3 linguri ulei de masline
- 1 cană ceapă tocată
- 2 pachete (12 oz.) spanac tocat congelat
- 3 catei de usturoi, macinati
- 3 cani piept de pui fiert taiat cubulete
- 1 lingurita sare
- 1 lingurita piper negru macinat
- 2 cani de branza ricotta
- 3/4 cană parmezan ras
- 1 ou
- 2 cani de brânză mozzarella mărunțită

Directii
a) Setați cuptorul la 350 de grade F înainte de a face orice altceva și ungeți un vas de 13 x 9 inci cu spray de gătit.
b) Într-o tigaie antiaderentă încălzită, adăugați nucile de pin la foc mediu și gătiți, amestecând des, timp de aproximativ 3 minute sau până când sunt prăjite.
c) Într-un robot de bucătărie, adăugați nucile de pin prăjite și restul de pesto Ingrediente și amestecați până se omogenizează și lăsați deoparte.
d) Pentru lasagna, într-o cratiță mare cu apă clocotită ușor sărată, adăugați tăițeii lasagna și gătiți-i timp de aproximativ 8-10 minute sau până la fierbere dorită și scurgeți bine și lăsați deoparte.

e) Într-o tigaie mare, încălziți uleiul la foc mediu-mare și căliți ceapa și usturoiul timp de aproximativ 5 minute.
f) Adăugați spanacul și gătiți aproximativ 5 minute.
g) Adăugați puiul și gătiți aproximativ 5 minute și adăugați puțină sare și piper negru și luați de pe foc și lăsați-l să se răcească.
h) Într-un castron, amestecați parmezanul, ricotta, oul, 1 1/2 cană de pesto și amestecul de pui.
i) Puneți pesto-ul rămas în fundul caserolei pregătite uniform și acoperiți totul cu 4 tăiței lasagna.
j) Puneți uniform o treime din amestecul de pui peste tăiței și urmat de o treime din mozzarella și repetați straturile de două ori.
k) Gătiți totul la cuptor pentru aproximativ 35-40 de minute sau până când partea de sus devine maro aurie și clocotită.

16. <u>Lasagna Alfredo</u>

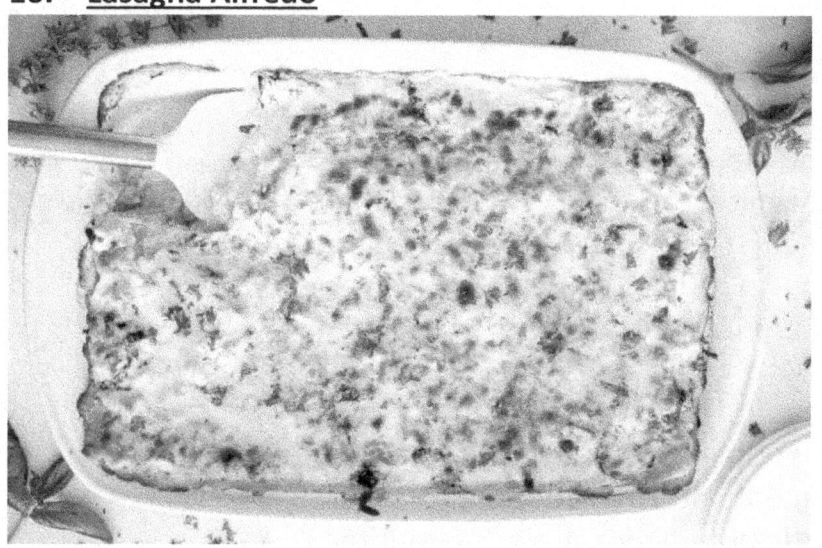

Porții pe rețetă: 8

Ingrediente
- 1 pachet (16 oz.) taitei lasagna
- 2 linguri ulei de masline
- 1 ceapa mica, tocata
- 1 pachet (16 oz.) spanac tocat congelat, dezghețat
- 7 oz. pesto de busuioc
- 30 oz. brânză ricotta
- 1 ou
- 1/2 lingurita sare
- 1/4 lingurita piper negru macinat
- 1/4 lingurita nucsoara macinata
- 2 cani de branza mozzarella, maruntita
- 9 oz. Sos pentru paste în stil Alfredo
- 1/4 cană parmezan ras

Directii
a) Setați cuptorul la 350 de grade înainte de a face orice altceva.
b) Acoperiți vasul de copt cu spray antiaderent sau ulei.
c) Luați un castron, amestecați: ouă bătute, nucșoară, piper, ricotta și sare.
d) Fierbe pastele timp de 9 minute în apă sărată. Scoateți tot lichidul.
e) Se prăjește spanacul și ceapa cu ulei de măsline. Până când ceapa este moale. Opriți focul apoi adăugați pesto.
f) Adăugați totul într-un fel de mâncare în felul următor: tăiței, spanac, ricotta, mozzarella. Continuați până când totul este folosit. Se ornează cu niște parmezan.
g) Gatiti 50 de minute. În timp ce acoperit. Lasă totul să stea timp de 10 minute.

17. Penne la cuptor cu chiftele de curcan

Produce: 4

INGREDIENTE:
- 1 liră sterlină Curcan măcinat
- 1 cățel mare de usturoi; tocat
- ¾ cană pesmet proaspăt
- ½ cană ceapă tocată mărunt
- 3 linguri nuci de pin; prăjită
- ½ cană frunze de pătrunjel proaspăt tocat
- 1 ou mare; bătută ușor
- 1 lingurita Sare
- 1 lingurita piper negru
- 4 linguri ulei de masline
- 1 liră sterlină Penne
- 1½ cani de branza mozzarella rasa grosier
- 1 cană brânză Romano proaspăt rasă
- 6 cesti sos de rosii
- 15 uncii de brânză ricotta

INSTRUCȚIUNI:
a) Într-un castron, amestecați bine curcanul, usturoiul, pesmetul, ceapa, nucile de pin, pătrunjelul, oul, sarea și piperul și formați chiftele și bucatar .
b) Gatiti pastele
c) Într-un castron mic amestecați mozzarella și Romano. Pune aproximativ 1½ cani de sos de rosii si jumatate din chiftele in vasul preparat si pune deasupra jumatate din paste.
d) Peste paste se întinde jumătate din sosul rămas și jumătate din amestecul de brânză. Acoperiți cu chiftelutele rămase și aruncați cuburi de ricotta peste chiftele.
e) Coaceți penne în mijlocul cuptorului timp de 30 până la 35 de minute .

18. Ravioli amestecat de flori și brânză

Face: 1 porție

INGREDIENTE:
- 12 piei Wonton
- 1 ou bătut pentru a sigila ravioli
- 1 cană petale de flori amestecate
- ⅓ cană brânză ricotta
- ⅓ cană brânză Mascarpone
- 4 linguri busuioc tocat
- 1 lingura Arpagic tocat
- 1 lingurita coriandru tocat
- ⅓ cană pâine de grâu moale, mărunțită
- 1½ linguriță de sare
- ½ linguriță Pastă de chili roșu
- 12 panseluțe întregi

INSTRUCȚIUNI:

a) Se amestecă toate ingredientele, cu excepția panseluțelor întregi. Pentru preparare, întindeți pielea wonton pe o suprafață.

b) Așezați 1 ½ linguriță de umplutură în mijlocul pielii wonton, deasupra cu 1 panseluță întreagă.

c) Umeziți marginile cu ou bătut și acoperiți cu o altă coajă wonton.

d) Gatiti prin fierbere in apa sau supa de legume timp de aproximativ 1 ½ minut.

e) Serviți într-un bol cu bulion de roșii-busuioc.

19. Lasagna de păpădie

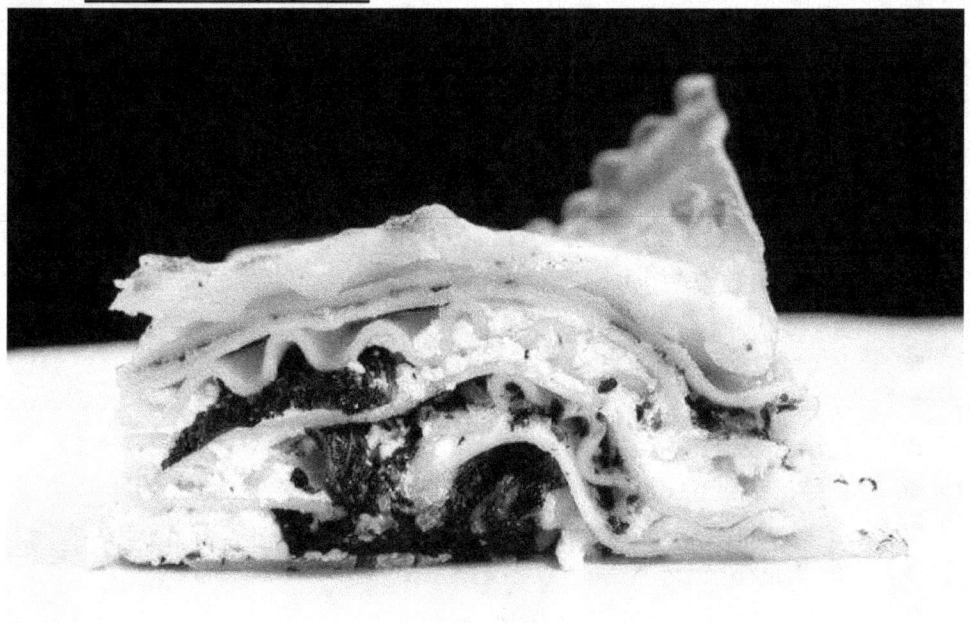

Produce: 1 lot

INGREDIENTE:
- 2 litri de apă
- 2 kilograme de frunze de papadie
- 2 catei de usturoi
- 3 linguri patrunjel tocat, impartit
- 1 lingura Busuioc
- 1 lingurita Oregano
- ½ cană germeni de grâu
- 3 cani de sos de rosii
- 6 uncii Pastă de tomate
- 9 fidea lasagna din grâu integral
- 1 lingurita ulei de masline
- 1 kilogram de brânză ricotta
- 1 strop de piper Cayenne
- ½ cană parmezan, ras
- ½ kg brânză Mozzarella, feliată

INSTRUCȚIUNI:
a) Aduceți apa la fiert, adăugați păpădie și fierbeți până se înmoaie. Scoateți păpădia cu o lingură cu șuruburi și rezervați apă.
b) Puneți păpădia într-un blender cu usturoi și 1 lingură de pătrunjel, busuioc și oregano.
c) Amestecați bine, dar aveți grijă să nu se lichefieze.
d) Adaugati germeni de grau, doua cani de sos de rosii si pasta de rosii.
e) Amestecați suficient pentru a amesteca bine și rezervați amestecul.
f) Aduceți din nou apă la fiert. Adăugați lasagna și uleiul de măsline. Gatiti al dente. Scurgeți și rezervați.
g) Amesteca branza ricotta, cayenne si restul de 2 linguri. patrunjel, rezerva.
h) Ungeți ușor cu unt fundul unei tavi de copt de 9 x 13".

i) Poziționați 3 tăiței lasagna unul lângă altul ca prim strat. Acoperiți cu ⅓ din sosul de păpădie, apoi cu jumătate din brânză ricotta.

j) Agitați niște parmezan peste ricotta și acoperiți-o cu un strat de felii de mozzarella. Repeta.

k) Puneti in straturi ultimii 3 taitei lasagna si ultimele ⅓ din sos de papadie. Acoperiți cu restul de parmezan și mozzarella și o cană de sos de roșii.

l) Coaceți la 375 F. timp de 30 de minute.

20. Lasagna creolă

Face: 10 porții

INGREDIENTE:
- Ulei vegetal, pentru ungere
- 1 kg de cârnați italieni măcinați, blând sau fierbinți
- 1 kg carne de porc măcinată
- 1 ardei gras rosu mare, taiat cubulete
- 1 ceapă roșie medie, tăiată cubulețe
- 5 catei de usturoi, tocati
- 2 cutii (28 uncii) de roșii zdrobite sau 8 căni de roșii proaspete, tăiate cubulețe
- 1 lingura zahar brun
- 2½ lingurițe de condimente creole
- 2 lingurite busuioc uscat
- 1 lingurita piper negru macinat
- 16 uncii de brânză ricotta din lapte integral
- 2 oua
- 2 căni de brânză mozzarella măruntită
- 12 tăiței lasagna gata de cuptor
- 4 căni de brânză cheddar măruntită
- 2 căni de brânză Colby Jack măruntită
- Pătrunjel proaspăt tocat, pentru ornat

INSTRUCȚIUNI:

a) Preîncălziți cuptorul la 350 de grade F. Ungeți ușor o tavă de copt de 9 pe 13 inci.

b) Într-un castron mediu, combinați cârnații și carnea de porc.

c) Într-o tigaie mare, la foc mediu, gătiți amestecul de cârnați și carne de porc până se rumenește. Asigurați-vă că rupeți carnea în timp ce se gătește! Scoateți carnea din tavă și lăsați aproximativ 1½ linguriță de unsoare. Pune carnea pe o parte.

d) Puneți tigaia înapoi pe plită, încă la foc mediu, și adăugați ardeii și ceapa. Gatiti pana se inmoaie, apoi adaugati usturoiul. Întoarceți carnea în tigaie și adăugați roșiile.

e) Amestecați ingredientele până când totul este bine combinat. Apoi adăugați zahăr, condimente creole, busuioc și piper negru. Amestecați condimentele, reduceți focul la mediu-mic și gătiți timp de 15 minute.

f) Într-un castron mare, combinați ricotta, ouăle și brânza mozzarella și amestecați ingredientele până se combină bine. Pune în lateral.

g) În vasul de copt pregătit, adăugați puțin din sosul de carne pe fund. Adăugați un strat de tăiței lasagna, apoi întindeți un strat de amestec de ricotta peste paste. Adăugați un strat de sos de carne și un alt strat de ricotta. Repeta. Adăugați un ultim strat de paste, apoi sos și înăbușiți cu cheddar și brânzeturi Colby Jack. Acoperiți lejer cu folie de aluminiu și dați la cuptor pentru 1 oră și 15 minute.

h) Se scoate din cuptor, se orneaza cu patrunjel si se lasa sa stea 10 minute inainte de servire.

21. Lasagna borcan Mason

Ingrediente

- 3 taitei lasagna
- 1 lingura ulei de masline
- ½ kg muschi macinat
- 1 ceapă, tăiată cubulețe
- 2 catei de usturoi, tocati
- 3 linguri pasta de rosii
- 1 lingurita condimente italiene
- 2 cutii (14,5 uncii) de roșii tăiate cubulețe
- 1 dovlecel mediu, ras
- 1 morcov mare, ras
- 2 căni de spanac baby mărunțit
- Sare kosher și piper negru proaspăt măcinat, după gust
- 1 cană de brânză ricotta parțial degresată
- 1 cană de brânză mozzarella mărunțită, împărțită
- 2 linguri frunze proaspete de busuioc tocate

Directii

a) Într-o oală mare cu apă clocotită cu sare, gătiți pastele conform instrucțiunilor de pe ambalaj; se scurge bine. Tăiați fiecare tăiței în 4 bucăți; pus deoparte.

b) Încinge uleiul de măsline într-o tigaie mare sau într-un cuptor olandez la foc mediu-mare. Adăugați muschiul măcinat și ceapa și gătiți până se rumenesc, 3 până la 5 minute, asigurându-vă că se fărâmițează carnea de vită pe măsură ce se gătește; scurgeți excesul de grăsime.

c) Amestecați usturoiul, pasta de roșii și condimentele italiene și gătiți până se parfumează, 1 până la 2 minute. Se amestecă roșiile, se reduce focul și se fierbe până se îngroașă ușor, 5 până la 6 minute. Se amestecă dovlecelul, morcovul și spanacul și se gătesc, amestecând des, până când se înmoaie, 2 până la 3 minute. Se condimenteaza cu sare si piper dupa gust. Pune sosul deoparte.

d) Într-un castron mic, combinați ricotta, ½ cană de mozzarella și busuiocul; se asezoneaza cu sare si piper dupa gust

e) Preîncălziți cuptorul la 375 de grade F. Ungeți ușor 4 borcane de sticlă cu gură largă (16 uncii) cu capac sau alte recipiente pentru cuptor sau ungeți cu spray antiaderent.

f) Pune 1 bucată de paste în fiecare borcan. Împărțiți o treime din sos în borcane. Repetați cu un al doilea strat de paste și sos. Acoperiți cu amestecul de ricotta, restul de paste și restul de sos. Se presară cu ½ cană de brânză mozzarella rămasă.

g) Pune borcanele pe o tava de copt. Pune la cuptor și coace până când clocotește, 25 până la 30 de minute; se răcește complet. Se da la frigider pana la 4 zile.

22. Lasagna cu dovleac si salvie cu fontina

Face: 8 -10

INGREDIENTE:
- 2 lingurite ulei de masline extravirgin, plus mai mult pentru uns
- Cutie de 14 uncii de piure de dovleac
- 2 cani de lapte integral
- 2 lingurite de oregano uscat
- 2 lingurite busuioc uscat
- ¼ lingurita de nucsoara proaspat rasa
- ¼ de linguriță fulgi de ardei roșu mărunțiți
- Sare kosher și piper proaspăt măcinat
- 16 uncii de brânză ricotta din lapte integral
- 2 catei de usturoi, rasi
- 1 lingură frunze de salvie proaspătă tocate, plus 8 frunze întregi
- 2 linguri patrunjel proaspat tocat
- Cutie de 12 uncii de tăiței lasagna fără fierbere
- Borcan de 12 uncii de ardei roșu prăjit, scurs și tocat
- 3 căni de brânză fontina mărunțită
- 1 cană parmezan ras
- 12 până la 16 bucăți de pepperoni felii subțiri

INSTRUCȚIUNI:
a) Preîncălziți cuptorul la 375°F. Ungeți o tavă de copt de 9 × 13 inchi.
b) Într-un castron mediu, amestecați dovleacul, laptele, oregano, busuioc, nucșoară, fulgi de ardei roșu și câte un praf de sare și piper. Într-un castron mediu separat, combinați ricotta, usturoiul, salvia tocată și pătrunjelul și asezonați cu sare și piper.
c) Întindeți un sfert din sosul de dovleac în fundul vasului de copt pregătit. Adăugați 3 sau 4 foi de lasagna, rupându-le după cum este necesar pentru a se potrivi. Este în regulă dacă foile nu acoperă complet sosul. Peste jumătate din amestecul de ricotta, jumătate din ardei roșu, apoi 1 cană de fontina. Adăugați încă un sfert din sosul de dovleac și puneți deasupra 3 sau 4 tăiței lasagna. Se adaugă amestecul de ricotta rămas, ardeiul roșu rămas, 1 cană de fontina

și apoi încă un sfert de sos de dovleac. Adăugați restul de tăiței lasagna și sosul de dovleac rămas. Se presara deasupra restul de 1 cana de fontina, apoi parmezanul. Acoperiți cu pepperoni.

d) Într-un castron mic, aruncați frunzele întregi de salvie în cele 2 lingurițe de ulei de măsline. Aranjați-l deasupra lasagnei.

e) Acoperiți lasagna cu folie și coaceți timp de 45 de minute. Creșteți căldura la 425 ° F, îndepărtați folia și coaceți până când brânza clocotește, încă aproximativ 10 minute. Lasă lasagna să stea 10 minute. Servi. Păstrați resturile la frigider într-un recipient ermetic timp de până la 3 zile.

23. Gnocchi de dovleac cu panceta

Face: 4–6

INGREDIENTE:
- ½ cană de brânză ricotta
- ½ cană piure de dovleac
- 2 oua
- 3 căni 00 făină
- ½ linguriță de ghimbir măcinat
- 1 lingurita nucsoara, rasa
- ½ linguriță cuișoare măcinate
- 1 lingura scortisoara
- ½ linguriță de ienibahar
- Sare cușer
- Piper negru proaspăt măcinat
- Ulei de măsline extra virgin
- 8 oz de smog elvețian, tulpinile îndepărtate
- ½ cană Pecorino Romano ras
- 2 catei de usturoi
- 1 buchet busuioc
- ½ cană nuci pignoli, prăjite
- Sare cușer
- Piper negru proaspăt măcinat
- 1 cană ulei de măsline
- 8 oz pancetta, feliată
- Pecorino Romano

INSTRUCȚIUNI:
a) Pudrați două tavi cu făină 00.
b) Pentru a face aluatul de gnocchi, amestecați brânza ricotta, piureul de dovleac și ouăle într-un castron până se combină bine. Într-un castron separat, amestecați făina 00, ghimbirul, nucșoara rasă, cuișoarele, scorțișoara, ienibaharul, sarea și piperul negru proaspăt măcinat.
c) Adăugați amestecul de făină în amestecul de dovleac-ricotta și amestecați până când se combină și amestecul formează o minge.

d) Pe o suprafață ușor înfăinată, frământați ușor aluatul timp de aproximativ 3 minute.
e) Pentru a face gnocchi, tăiați o bucată mică de aluat de dovleac și acoperiți restul cu folie de plastic. Cu mâinile, rulați bucata de aluat într-o frânghie de aproximativ 1 inch lățime.
f) Tăiați bucăți de aluat de 1 inch din frânghie. Folosind o placă de gnocchi sau o furculiță, rulați cu grijă gnocchi tăiați peste placă pentru a forma o suprafață texturată.
g) Așezați gnocchi de dovleac pe tavile cu făină și asigurați-vă că gnocchii nu se ating, altfel se vor lipi. Se da la frigider pana este gata de utilizare.
h) Pentru a face pesto de smog elvețian, ungeți o tigaie mare cu un strop de ulei de măsline extravirgin, adăugați smog elvețian și gătiți până se ofilesc.
i) Într-un robot de bucătărie, adăugați mătgul ofilit, Pecorino Romano, usturoiul, busuiocul, nucile pignoli, sare și piper negru proaspăt măcinat. Se toarnă încet uleiul de măsline și se procesează până se face piure.
j) Aduceți o oală mare cu apă cu sare la fiert.
k) Între timp, într-o tigaie mare la foc mediu, adăugați pancetta și gătiți-o până când grăsimea devine crocantă, aproximativ 5 minute.
l) Puneți cu grijă gnocchi în apă clocotită și gătiți până când plutesc aproximativ 2 până la 3 minute. Folosind o lingură cu fantă, adăugați gnocchi de dovleac în tava pentru pancetta și amestecați pentru a se combina.
m) Pentru a servi, împărțiți gnocchi între boluri. Se ornează cu Pecorino Romano proaspăt ras și pesto de micoze elvețiene.

24. Gnocchi cu castane și cartofi dulci

Face: 4 portii

INGREDIENTE:
GNOCCHI
- 1 + ½ cană de cartofi dulci prăjiți
- ½ cană făină de castane
- ½ cană ricotta cu lapte integral
- 2 lingurite sare kosher
- ½ cană făină fără gluten
- Piper alb după gust
- Boia afumată după gust

RAGU DE ciuperci & castane
- 1 cană ciupercă buton, tăiată în 4
- 2-3 ciuperci portobello, feliate în fâșii fine
- 1 tavă cu ciuperci shimeji (albe sau maro)
- ⅓ cană de castane, tăiate cubulețe
- 2 linguri de unt
- 2 salote, tocate marunt
- 2 catei de usturoi, tocati marunt
- 1 lingurita pasta de rosii
- vin alb (dupa gust)
- sare kosher (după gust)
- 2 linguri de Salvie proaspata, tocata marunt
- Pătrunjel după gust

A TERMINA
- 2 linguri de ulei de măsline
- Parmezan (dupa gust)

INSTRUCȚIUNI:
GNOCCHI
a) Preîncălziți cuptorul la 380 de grade.
b) Înțepăți cartofii dulci peste tot cu o furculiță.
c) Așezați cartofii dulci pe o tavă de copt cu ramă și coaceți aproximativ 30 de minute sau până se înmoaie. Se lasa sa se raceasca putin.

d) Curățați cartofii dulci și transferați-i într-un robot de bucătărie. Se face piure până la omogenizare.

e) Într-un castron mare, combinați ingredientele uscate (făină de castane, sare, făină fără gluten, piper alb și boia de ardei afumată) și păstrați-le pe o parte.

f) Transferați piureul de cartofi dulci într-un castron mare. Adăugați ricotta și adăugați ¾ din amestecul uscat. Transferați aluatul pe o suprafață de lucru cu făină puternic și frământați ușor mai multă făină până când aluatul se îmbină, dar este încă foarte moale.

g) Împărțiți aluatul în 6-8 bucăți și rulați fiecare bucată într-o frânghie de 1 inch grosime.

h) Tăiați frânghiile în lungimi de 1 inch și pudrați fiecare bucată cu făină fără gluten.

i) Rulați fiecare gnocchi pe dinții unei furculițe cu făină pentru a face mici adâncituri.

j) Păstrați-l pe o tavă în chiller până când sunteți gata să îl utilizați.

RAGU DE ciuperci & castane

k) Într-o tigaie încinsă se topește untul și se adaugă un praf de sare.

l) Se adaugă eșalota, usturoiul și salvie și se călesc timp de 10 minute până când șoapele sunt translucide.

m) Se adauga toate ciupercile si se calesc la foc mare, amestecand continuu.

n) Adaugam pasta de rosii si vinul alb si lasam sa se reduca pana cand ciupercile sunt moi si fragede.

o) Acoperiți ragu-ul cu pătrunjel proaspăt tocat și castane tăiate cubulețe. Pus deoparte.

A TERMINA

p) Aduceți o oală mare cu apă cu sare la fiert. Adăugați gnocchi de cartofi dulci și gătiți până când plutesc la suprafață, aproximativ 3-4 minute.

q) Folosind o lingură cu fantă, transferați gnocchi pe o farfurie mare. Repetați cu restul de gnocchi.

r) Topiți 2 linguri de ulei de măsline într-o tigaie mare.

s) Adăugați gnocchi, amestecând ușor, până când gnocchi se caramelizează.
t) Adaugam ciupercile Ragu si adaugam cateva linguri de apa cu gnocchi.
u) Se amestecă ușor și se lasă 2-3 minute la foc mare.
v) Se serveste cu un strop de parmezan deasupra.

25. Rulouri cu paste cu sos cremos de roșii

Face: 8 portii

INGREDIENTE:
- 2 Paste; proaspăt 9 x 12
- 6 uncii de prosciutto; felii subțiri
- 1 kg spanac; numai frunze, abur
- 4 uncii de brânză Ricotta
- 2 uncii de brânză Mozzarella
- 4 linguri de parmezan Reggiano
- Sare
- Piper
- Nucșoară
- Sos cremos de rosii
- 35 uncii roșii prune; drenat
- 3 linguri de unt dulce
- 2 Ceapa Med; tocat mărunt
- 1 cană vin alb sec
- 2 cani de supa de pui
- 1 cană smântână grea

INSTRUCȚIUNI:
a) Aduceți o oală uriașă cu apă cu sare la fiert. Puneți pastele și gătiți aproximativ 2 minute.
b) Scoateți foile din apă și clătiți--mânerul cu atenție--apoi așezați-le pe folii de folie de plastic. Întindeți partea de sus a foii cu prosop de hârtie și acoperiți pastele cu prosciutto într-un strat.
c) Întindeți amestecul de spanac/brânză peste prosciutto și rulați cu partea de 6 inchi.
d) Folosiți folie de plastic pentru a vă ajuta să o rulați strâns, apoi înfășurați rulada în folie de plastic și lăsați-l la frigider până când sunteți gata de utilizare.
SOS:
e) Topiți untul într-o tigaie mare și căliți ceapa până când începe să se rumenească.

f) Adăugați vin în tigaie, aduceți amestecul la fierbere și reduceți lichidul la aproximativ ¼ de cană.

g) Adăugați supa de pui și puneți amestecul la fiert.

h) Reduceți acest amestec până când rămâne aproximativ ½ cană. Strângeți roșiile scurse printre degete pentru a le rupe și adăugați-le la lichidele reduse din tigaie, aduceți la fierbere și reduceți la foc mic și fierbeți timp de aproximativ 30 de minute, urmărind cu atenție și amestecând des.

i) Adăugați smântână groasă, continuați să gătiți încet timp de 10 minute.

j) Gustați, potriviți cu sare și piper.

ASAMBLARE:

k) Scoateți rulourile de paste din folie de plastic și puneți-le în tigaie cu sosul.

l) Când este încălzit, tăiați fiecare capăt al ruloului pentru a o uniformiza.

m) Apoi tăiați rulada în 3 bucăți egale.

n) Pentru a servi, puneți un bazin de sos pe fundul farfurii și puneți 2 sau 3 bucăți de rulou de paste pe fiecare farfurie, cu partea roată în sus.

o) Presărați cu brânză rasă dacă vă place și bucurați-vă.

26. L asagne de ciuperci salbatice si exotice

Face: 9 portii

INGREDIENTE:
- 2 linguri ulei de masline
- 1 ceapă mare; tocat
- 2 uncii prosciutto di parma; tocat mărunt
- 2 linguri de eșalotă tocată
- 2 linguri de usturoi tocat
- ½ cana patrunjel tocat marunt
- 1 kg asortate de ciuperci sălbatice și exotice
- 2 linguri busuioc tocat
- 1 lingura oregano proaspat tocat
- ⅔ cană de vin alb sec
- 1½ kilograme de roșii zdrobite la conserva; la 2 lire sterline
- 2 cani de branza ricotta proaspata
- 1 ou
- 2 cani de brânză Parmigiano-Reggiano rasă
- ½ cană de brânză mozzarella rasă
- 1 sare; la gust
- 1 piper negru proaspăt măcinat
- 1 kilogram de foi de paste proaspete tăiate în lasagne; excursii, albite,
- ½ cană smântână groasă
- ¼ cană lapte
- 8 frunze uscate de busuioc

INSTRUCȚIUNI:
a) Preîncălziți cuptorul la 350 de grade. Unge ușor o tavă dreptunghiulară de 13 pe 9 inci. Într-o tigaie mare, încălziți uleiul de măsline.
b) Când uleiul este fierbinte, căliți ceapa și prosciutto aproximativ 4 minute sau până când ceapa este ofilită și ușor caramelizată.
c) Se amestecă ½ cană de pătrunjel, eșalotă și ciuperci. Se caleste timp de 10 minute sau pana cand ciupercile devin maro auriu. Asezonați cu sare și piper.

d) Se amestecă usturoiul, busuiocul și oregano. Strecurați amestecul de ciuperci și rezervați lichidul. Puneți lichidul înapoi în tigaie și reduceți până când lichidul formează o glazură, aproximativ 5 minute. Răzuiți ocazional părțile laterale pentru a slăbi orice particule.
e) Adăugați vinul și urmați același proces. Adăugați roșiile și continuați să gătiți timp de 10 minute.
f) Asezonați cu sare și piper. Adăugați amestecul de ciuperci în sos.
g) Într-un castron, combinați brânza Ricotta, oul, pătrunjelul rămas, ½ cană de brânză Parmigiano-Reggiano rasă și brânza Mozzarella.
h) Asezonați cu sare și piper. Pentru asamblare, puneți o lingură mică din sos pe fundul vasului de copt. Se presara cu parmezan. Puneți un strat de paste deasupra sosului. Întindeți brânza peste paste.
i) Amestecați smântâna cu orice brânză rămasă.
j) Asezonați cu sare și piper. Se toarnă deasupra lasagnei. Acoperiți lasagna. Coaceți timp de 30 de minute acoperit și 10 până la 15 minute descoperit, sau până când lasagna devine maro aurie și se întărește.
k) Scoateți lasagna din cuptor și lăsați-o să se odihnească 10 minute înainte de a o feli. Așezați o porție de lasagna în centrul farfuriei.
l) Se ornează cu brânză rasă și frunze de busuioc prăjit.

27. Rulouri de paste umplute cu prosciutto

Produce: 15 portii

INGREDIENTE:
- 3 căni de făină universală
- 3 ouă
- 3 kilograme Spanac proaspăt, clătit și cu tulpină
- 3 căni de brânză ricotta
- 3 ouă
- 1½ lingură nucșoară proaspăt rasă
- 1½ cană parmezan ras
- Sare si piper proaspat macinat
- ½ cană plus 1 l de apă
- 1½ lingură ulei de măsline
- 24 prosciutto felii subțiri ca hârtie
- 18 uncii de brânză Mozzarella, feliată subțire
- Ulei de masline
- Vinaigretă de roșii uscate la soare

Pentru paste: puneți făina într-un castron mare. Se amestecă ouăle, apa și uleiul; se adauga in faina si se amesteca bine. Framantam pe suprafata tapata cu faina pana se omogenizeaza si elastic, aproximativ 10 minute. Acoperiți și lăsați să se odihnească 15 minute.

Pentru umplutură: Pune spanacul într-o tigaie mare la foc mediu.

Acoperiți și gătiți până se ofilesc, amestecând din când în când. Scurgere. Strângeți uscat. Toacă spanacul. Amesteca ricotta, ouale si nucsoara intr-un castron mare. Se amestecă spanacul și parmezanul. Asezonați cu sare și piper.

Tăiați ⅓ din aluat. Se intinde pe suprafata usor infainata cat mai subtire. Tăiați la un dreptunghi de 18 x 11 inci. Ungeți cu ⅓ din amestec de spanac, lăsând marginea de ½ inch pe toate părțile. Acoperiți umplutura cu 8 felii de prosciutto, apoi ⅓ de mozzarella.

Îndoiți 1 inch din fiecare parte lungă peste umplutură. Ungeți marginile capetelor scurte cu apă. Începând cu 1 capăt scurt, rulați pastele la modă jeleu. Înfășurați în cârpă și legați cu sfoară pentru a menține forma. Repetați cu aluatul rămas și umplutura.

Aduceți 2 inci de apă la fiert într-o tigaie mare deasupra aragazului. Adăugați rulouri de paste. Reduceți focul, acoperiți și fierbeți 35 de minute.

Folosind 2 spatule, scoateți rulourile și răciți. Îndepărtați ușor sfoara și cârpa. Înfășurați strâns și lăsați la frigider peste noapte.

Tăiați rulourile de paste în felii groase de ½ inch. Aranjați pe platou. Se unge cu ulei de măsline. Serviți la temperatura camerei cu vinaigretă de roșii uscate la soare.

28. Coji umplute cu spanac și ricotta

Produce: 6

INGREDIENTE:
- 10 oz spanac congelat, dezghețat și scurs
- 2 căni de ricotta pe bază de plante
- 1 borcan de 25 oz sos pentru paste
- 18 cochilii jumbo
- A servi
- Parmezan de migdale
- Oregano proaspăt tocat

INSTRUCȚIUNI:
a) Pregătiți cojile de paste.
b) În timp ce pastele se gătesc, combinați ricotta pe bază de plante și spanacul într-un castron.
c) Întindeți întreg borcanul de sos de paste uniform pe fundul unui vas de copt.
d) Umpleți fiecare coajă de paste cu linguri rotunjite de amestec de ricotta și puneți-o în vasul de copt.
e) Coaceți cel puțin 15 minute sau până când sosul este spumant. Scoateți capacul și coaceți încă 10 până la 15 minute.
f) La final, acoperiți cu parmezan de migdale și ierburi la alegere. Serviți și bucurați-vă!

29. Supă de ravioli cu cârnați și varză

INGREDIENTE:

- ½ kilogram de cârnați italieni blânzi (sau fierbinți), înveliți
- ¼ cană ceapă, tăiată cubulețe
- 2 tulpini de telina, taiate cubulete
- ¼ cană morcovi și mazăre congelate
- 12 uncii sos de paste
- 4 cesti supa de oase de pui (2 cutii)
- ¼ cană roșii uscate la soare
- 1 pachet (9 oz) ravioli cu brânză
- Jumătate de pachet cu 1 trusă de varză pentru copii (8 oz).
- 2 linguri de brânză ricotta parțial degresată

INSTRUCȚIUNI:

a) Preîncălziți o cratiță mare la foc mediu-mare. Rumeniți cârnații timp de 5-7 minute, amestecând pentru a se fărâmița carnea. Gatiti pana nu ramane roz. Adăugați ceapa, țelina, morcovii și mazărea în cârnați și gătiți timp de 4 minute, amestecând des.

b) Reduceți căldura la mediu-scăzut. Se amestecă sosul de paste, bulionul de oase de pui și roșiile uscate la soare. Se fierbe timp de 8-10 minute, amestecând din când în când.

c) Adăugați ravioli în sos; gătiți 4-5 minute sau până când raviolii sunt fragezi.

d) Pentru a servi, împărțiți supa de bulion în două boluri de servire. Acoperiți fiecare castron cu o mână de verdeață de salată, apoi stropiți cu toppinguri pentru salată și stropiți cu dressing. Terminați cu 1 lingură de brânză ricotta pentru fiecare bol și serviți.

30. Lasagna cu dovlecei

Face: 12 porții

INGREDIENTE

9 taitei lasagna , fierti
5 căni de piure de cartofi calde, condimentate,
2 pachete (12 uncii) de dovleac
1 1/2 cani de branza ricotta
1 lingurita praf de ceapa
1/2 lingurita nucsoara
1 lingurita sare
1/2 lingurita piper negru
1 cană ceapă prăjită

INSTRUCTIUNI :

Preîncălziți cuptorul la 350°F.
Folosind spray de gătit, acoperiți o tavă de copt de 9 x 13 inci.
Amestecați cartofii, dovleceii, brânza ricotta, praf de ceapă, nucșoară, sare și piper negru într-un lighean mare.
Puneți 3 tăiței în fundul vasului de copt care a fost pregătit.
Întindeți 1/3 din amestecul de cartofi peste tăiței. Repetați straturile de încă două ori.
Se coace 45 de minute cu folie de aluminiu deasupra; îndepărtați folia și coaceți încă 8 până la 10 minute sau până când se rumenește și se încălzește.

PIZZA, PITA ŞI FOCACCIA

31. Pizza cu parmezan și ricotta

Face: 4 portii

INGREDIENTE:
- Rețetă de aluat de pizza cu miere și grâu
- ¼ ceasca de fistic, tocat
- 4 fasii de bacon afumat, feliate
- ½ cană parmezan, ras
- 2 linguri ulei de măsline extravirgin
- ½ linguriță de piper, proaspăt măcinat
- ½ cană amestec Rainbow Micro Greens
- ¼ linguriță de sare de mare
- ½ cană de brânză ricotta

INSTRUCȚIUNI:
a) Preîncălziți cuptorul la 500 de grade Fahrenheit.
b) Într-un castron, combinați ricotta, parmezanul, uleiul de măsline, sarea de mare și piperul. Se amestecă bine.
c) Acoperiți aluatul de pizza pregătit cu umplutura.
d) Deasupra puneți jumătate din fistic, apoi puneți un strat de bacon.
e) Coaceți timp de 16 minute sau până când baconul este crocant și aluatul este maro auriu.
f) Se ornează cu restul de fistic și microverde.

32. Pizza cu ricotta, bacon și rucola

Produce: 1 pizza

INGREDIENTE:
- 3 căni de brânză ricotta
- 4 cepe verzi, tăiate în diagonală
- 3 linguri ulei de măsline, împărțit
- ¼ de linguriță fulgi de ardei roșu
- 1 crustă subțire de pizza cumpărată din magazin
- 5 felii de bacon fiert, maruntit sau mai multe dupa gust
- ½ cană de parmezan proaspăt ras
- 1 praf sare si piper negru macinat dupa gust
- 1 legătură de rucola proaspătă
- 1 lămâie, suc

INSTRUCȚIUNI:
a) Preîncălziți cuptorul la 400 de grade F (200 de grade C).
b) Amesteca branza ricotta, ceapa verde, 1 lingura de ulei de masline si fulgi de ardei rosu împreună într-un castron. Se întinde peste crusta de pizza.
c) Încălziți restul de 2 linguri de ulei de măsline într-o tigaie de fontă la foc mediu. Loc crusta de pizza cu amestec de ricotta in tigaie; se adauga bacon si parmezan si gătiți partea de jos a pizza, timp de 3 până la 4 minute.
d) Lăsați pizza în tigaie și puneți-o în cuptorul preîncălzit până la vârful pizza începe să se rumenească ușor, 7 până la 8 minute.
e) Scoateți pizza din cuptor cu grijă și deasupra cu sare si piper, rucola si un strop de zeama de lamaie, in aceasta ordine.

33. Focaccia-vegetarian

Randament: 8 portii

Ingredient
- Focaccia Aluat
- ½ kilograme de spanac, fiert, scurs
- ½ kg de ciuperci, feliate
- 2 căni de brânză ricotta cu conținut scăzut de grăsimi,
- 4 uncii de brânză mozzarella cu conținut scăzut de grăsimi
- ¼ cană pătrunjel, proaspăt, tocat
- 1 fiecare albus de ou sau inlocuitor de ou

Directii

a) Scurge branza ricotta. Rulați aluatul în dreptunghi de 12x9. Uns cu spanac, apoi ricotta, apoi ciuperci, apoi brânză mozzarella. Rulează.

b) Sigilați marginile cu albuș sau înlocuitor de ou. Formați în cerc și sigilați capetele cercului cu albuș sau înlocuitor de ou. Ungeți deasupra cu ou. Coacem la 350 de grade aproximativ 40 de minute.

34. Pită italiană cremoasă

Face: 24 porții

INGREDIENTE:
- 2½ litri de brânză Ricotta
- 12 uncii parmezan ras
- 1 kg țelină tocată mărunt
- 1 kg de roșii; proaspăt, tăiat cuburi
- ¼ cană busuioc proaspăt tocat
- Piper negru; la gust
- Romaine; sau frunze de salată
- 12 rondele întregi de pita; tăiate în jumătate, ușor prăjite

INSTRUCȚIUNI:
a) În vasul unui robot de bucătărie, învârtiți brânza ricotta cu parmezanul până se bate și se omogenizează.
b) Se amestecă țelina tocată, roșiile și condimentele.
c) Asamblați sandvișul căptușind fiecare buzunar de pita încălzit cu frunze de salată verde și 4 uncii de umplutură.

35. Pizza de Paste

Produce: 1 pizza

INGREDIENTE:
- Aluat de pâine congelat, dezghețat, ⅔ kilograme
- Cârnați italieni, ½ kilograme, gătiți
- Mozzarella, ½ kg, feliată
- Brânză ricotta, 16 uncii
- Parmezan ras, jumatate de cana
- Brânza provolone feliată, ½ kilograme
- Salam feliat, ½ kilograme
- Șuncă fiartă feliată, ½ kilograme
- Pepperoni felii, ½ kilograme
- 8 oua, batute
- Ulei de masline
- 1 ou
- 1 lingurita apa

INSTRUCȚIUNI:
a) Puneti aluatul intr-o tava cu arc.
b) Acoperiți cu jumătate din fiecare topping.
c) Repetați straturile.
d) Puneți un aluat de 12 inci deasupra pizza pentru a forma crusta de sus.
e) Se bate împreună 1 ou și apa. Aplicați spălarea cu ouă pe blatul pizza.
f) Coaceți pizza la 350 de grade timp de 50 până la 60 de minute.

36. Pizza alba la gratar cu soppressata

Produce: 1 pizza mare

INGREDIENTE:
- Un aluat de pizza tradițional
- O lingurita de cimbru tocat
- O cană de ricotta cu lapte integral
- Două lingurițe de oregano
- O lingură de oregano
- O jumătate de cană de ulei de măsline infuzat cu usturoi
- Patru căni de mozzarella mărunțită
- O cană de parmezan ras
- Șase uncii de Soppressata feliată
- Patru uncii de ardei cireși scurși și rupti

INSTRUCȚIUNI:
a) Intindem aluatul pe o suprafata usor pudrata cu faina.
b) Rulați ușor sau întindeți un cerc de aluat.
c) Se adaugă ricotta, oregano și cimbru tocat.
d) Aranjați toppingurile pe aluat, începând cu uleiul de usturoi și trecând la mozzarella, parmezan, Soppressata și ardei cireș.
e) Gatiti pizza timp de 5 pana la 10 minute pe fiecare parte.

37. Pizza Melanzane

Produce: 1 pizza mare

INGREDIENTE:
- 1 aluat de bază italian
- Ulei de măsline, un sfert de cană
- Vin alb (sec), o cană
- 4 catei de usturoi, tocati
- frunze de oregano tocate, 2 lingurite
- Sare, ½ linguriță
- Sos pizza, o jumătate de cană
- Piper negru proaspăt spart, ½ linguriță
- 1 vinete, taiata fasii
- Ricotta, la temperatura camerei, O cană
- Parmigiana, Grana Padano sau Pecorino, ras fin, 1 uncie
- Mozzarella, mărunțită, 4 uncii

INSTRUCȚIUNI:
a) Modelați aluatul într-un cerc cu diametrul de 14 inci.
b) Faceți acest lucru ținând marginile și rotind și întinzând cu grijă aluatul.
c) Puneti fasiile de vinete in uleiul incins intr-o tigaie. Gatiti 5 minute.
d) Pune oregano, usturoi, sare și piper.
e) Se pune vinul si se amesteca continuu timp de trei minute.
f) Așezați crusta pregătită cu sosul de pizza deasupra.
g) Pune amestecul de vinete deasupra.
h) Se amestecă brânza și se presară peste pizza.
i) Grill/Coaceți timp de 16 până la 18 minute.

38. Pâine de chiftele în stil toscan

Randament: 4

Ingrediente
f) 1 pachet (16 oz) Chiftelute de vitel
g) 4 cruste de paine plate artizanale
h) 4 catei de usturoi, tocati
i) 1 cană ceapă roşie feliată subțire
j) 2 cani de sos marinara
k) 1 lingura ulei de masline
l) 1 lingurita condiment italian uscat
m) 10 oz. Buşteni de mozzarella proaspăt, feliați
n) 4 uncii. brânză ricotta cu lapte integral
o) 4 linguri busuioc proaspăt feliat subțire

Directii:
a) Preîncălziți cuptorul la 425 de grade Fahrenheit.
b) Gătiți chiftelele conform instrucțiunilor de pe ambalaj și apoi lăsați-le deoparte.
c) Se încălzește uleiul de măsline într-o tigaie mare la foc mediu, apoi se adaugă ceapa roșie și usturoiul și se fierbe, amestecând ocazional, timp de 4-5 minute, până când este transparent și parfumat.
d) Pregătiți pâinea pe o foaie tapetată cu hârtie de copt.
e) Întindeți uniform 1/2 cană de sos marinara pe fiecare aluat de pâine, apoi condimentați cu condiment italian uscat.
f) Puneți 5-6 felii de mozzarella pe fiecare pâine.
g) Tăiați chiftelele fierte rondele și distribuiți-le în mod egal pe fiecare pâine. Împărțiți ceapa roșie și usturoiul printre chiftele.
h) Coaceți pâinea timp de 8 minute. Scoateți painele plate din cuptor și întindeți 4 linguri de brânză ricotta peste fiecare, apoi dați înapoi la cuptor pentru încă 2 minute pentru a încălzi ricotta.
i) Scoateți pâinea din cuptor, acoperiți cu busuioc proaspăt și lăsați deoparte 2 minute să se răcească.
j) Tăiați și serviți imediat.

39. Buricotta cu Peperonata si Oregano

face 1 pizza

Ingrediente
- 1 rundă de aluat de pizza
- 1 lingura ulei de masline extravirgin
- Sare cușer
- 1 cană peperonata
- 4 uncii de buricotta, tăiată în 4 segmente egale, sau ricotta proaspătă
- 1 lingurita frunze proaspete de oregano
- ulei de măsline extra virgin
- 1 lingură sare de mare

Directii
a) Pregătiți și întindeți aluatul și preîncălziți cuptorul.
b) Ungeți marginea aluatului cu ulei de măsline și asezonați toată suprafața cu sare. Întindeți peperonata peste pizza, lăsând o margine de 1 inch fără nici un topping. Dacă folosiți ricotta, puneți-o într-un castron și amestecați-o energic pentru a se pufă.
c) Puneți câte un segment de buricotta sau o lingură de ricotta în fiecare cadran al pizza. Glisați pizza în cuptor și coaceți până când crusta devine maro aurie și crocantă, 8 până la 12 minute. Scoateți pizza din cuptor și tăiați-o în sferturi, având grijă să nu tăiați prin brânză.
d) Se împrăștie frunzele de oregano peste pizza, se stropesc uleiul de măsline de calitate finală peste brânză, se stropesc cu sare de mare și se servesc.

40. Pâine de chiftele în stil toscan

Randament: 4

Ingrediente
- 1 pachet (16 oz) Chifteluțe de vițel
- 4 cruste de paine plate artizanale
- 4 catei de usturoi, tocati
- 1 cană ceapă roșie feliată subțire
- 2 cani de sos marinara
- 1 lingura ulei de masline
- 1 lingurita condiment italian uscat
- 10 oz. Bușteni de mozzarella proaspăt, feliați
- 4 uncii. brânză ricotta cu lapte integral
- 4 linguri busuioc proaspăt feliat subțire

Directii:
a) Preîncălziți cuptorul la 425 de grade Fahrenheit .
b) Gătiți chiftelele conform instrucțiunilor de pe ambalaj și apoi lăsați-le deoparte.
c) Se încălzește uleiul de măsline într-o tigaie mare la foc mediu, apoi se adaugă ceapa roșie și usturoiul și se fierbe, amestecând ocazional, timp de 4-5 minute, până când este transparent și parfumat.
d) Pregătiți pâinea pe o foaie tapetată cu hârtie de copt.
e) Întindeți uniform 1/2 cană de sos marinara pe fiecare aluat de pâine, apoi condimentați cu condiment italian uscat.
f) Puneți 5-6 felii de mozzarella pe fiecare pâine.
g) Tăiați chiftelele fierte rondele și distribuiți-le în mod egal pe fiecare pâine. Împărțiți ceapa roșie și usturoiul printre chiftele.
h) Coaceți pâinea timp de 8 minute. Scoateți painele plate din cuptor și întindeți 4 linguri de brânză ricotta peste fiecare, apoi dați înapoi la cuptor pentru încă 2 minute pentru a încălzi ricotta.
i) Scoateți pâinea din cuptor, acoperiți cu busuioc proaspăt și lăsați deoparte 2 minute să se răcească.
j) Tăiați și serviți imediat.

CANNOLI

41. Cheesecake Cannoli cu chips de ciocolată fără coacere

Face: 8 portii

INGREDIENTE:
- 4 uncii coji de cannoli
- ½ cană zahăr
- ½ cană firimituri de biscuiți Graham
- ⅓ cană unt, topit

UMPLERE:
- Două pachete de 8 uncii de cremă de brânză, înmuiată
- 1 cană zahăr cofetar
- ½ lingurita coaja rasa de portocala
- ¼ lingurita de scortisoara macinata
- ¾ cană brânză ricotta parțial degresată
- 1 lingurita extract de vanilie
- ½ linguriță extract de rom
- ½ cană chipsuri de ciocolată semidulce în miniatură
- Fistic tocat, optional

INSTRUCȚIUNI:
a) Pulsați cojile de cannoli într-un robot de bucătărie până se formează firimituri grosiere. Adăugați zahăr, firimituri de biscuiți și unt topit; pulsați până când se combină. Apăsați pe partea inferioară și pe partea superioară a unui 9-inch uns. farfurie de plăcintă. Dă la frigider până se întărește, aproximativ 1 oră.

b) Bateți primele 4 ingrediente de umplutură până se omogenizează. Incorporati branza ricotta si extractele. Se amestecă fulgi de ciocolată. Se întinde în crustă.

c) Dă la frigider, acoperit, până se fixează, aproximativ 4 ore. Dacă doriți, puneți fistic.

42. Cannoli Baileys

INGREDIENTE:
- 500 g ricotta proaspata, scursa
- 1/3 cană zahăr tos
- 1/4 cană Baileys Irish Cream Lichior
- 3/4 cana chipsuri de ciocolata neagra, tocate marunt
- 1/4 cana alune de padure, prajite, tocate marunt
- 1/4 cana fistic, tocat marunt
- 2 linguri de lapte
- 15 mini coji de cannoli

INSTRUCȚIUNI:
a) Puneți ricotta, zahărul și 30 ml Baileys într-un bol. Se amestecă până se omogenizează.
b) Dacă amestecul pare uscat, adăugați puțin lapte până obțineți o consistență groasă pentru pastă.
c) Combinați nucile într-un castron. Adăugați 1/4 cană de ciocolată tocată în amestecul de ricotta împreună cu două treimi din nuci, amestecați până se combină. Pune amestecul de ricotta la frigider pentru 1 oră sau până se răcește.
d) Între timp, puneți într-o cratiță mică laptele, bailey-urile rămase și ciocolata.
e) Gatiti, amestecand, la foc mic timp de 1-2 minute sau pana cand se omogenizeaza si se omogenizeaza, nu aduceti la fiert.
f) Utilizați o pungă prevăzută cu o duză canelată de 1 cm pentru a introduce amestecul de ricotta în ambele capete ale cojilor de cannoli.
g) Puneți cannoli pe un platou de servire. Stropiți cu puțin sos de ciocolată și stropiți cu restul de nuci.
h) Turnați ciocolata rămasă într-o cană mică și serviți cu cannoli.

43. **Air Fryer Cannoli**

Produce: 4

INGREDIENTE:
UMPLERE:
- 1 recipient ricotta
- ½ cană brânză mascarpone
- ½ cană de zahăr pudră, împărțit
- ¾ cană smântână groasă
- 1 lingurita extract de vanilie
- 1 lingurita coaja de portocala
- ¼ linguriță sare kosher
- ½ cană mini chipsuri de ciocolată, pentru ornat

COCICI:
- 2 căni de făină universală
- ¼ cană zahăr granulat
- 1 lingurita sare kosher
- ½ lingurita de scortisoara
- 4 linguri de unt rece, taiate cubulete
- 6 linguri de vin alb
- 1 ou mare
- 1 albus de ou pentru periaj
- Ulei vegetal pentru prajit

INSTRUCȚIUNI:
a) Pentru umplutură, bateți toate ingredientele într-un mixer și adăugați frișca.
b) Acoperiți și lăsați această umplutură la frigider timp de 1 oră.
c) ingredientele din coajă într-un bol până se omogenizează.
d) Se acopera acest aluat si se da la frigider pentru 1 ora.
e) Rulați aluatul pregătit într-o foaie de ⅛ inch grosime.
f) Tăiați 4 cercuri mici din aluatul pregătit și înfășurați-o în jurul formelor pentru cannoli.
g) Ungeți aluatul pregătit cu albușuri pentru a sigila marginile.
h) Puneți cojile în coșul de prăjire cu aer.
i) Transferați coșul în cuptorul pentru prăjitor cu aer și închideți ușa.

j) Selectați modul „Air Fry" prin rotirea cadranului.
k) Apăsați butonul TIME/SLICES și modificați valoarea la 12 minute.
l) Apăsați butonul TEMP/SHADE și modificați valoarea la 350 °F.
m) Apăsați Start/Stop pentru a începe gătitul.
n) Puneți umplutura într-o pungă de patiserie prevăzută cu vârf deschis în formă de stea. Puneți umplutura în coji, apoi înmuiați capetele în mini chipsuri de ciocolată.
o) Transferați umplutura pregătită într-o pungă.
p) Introduceți umplutura în cojile de cannoli.
q) Servi.

44. Cannoli cu umplutură de ricotta

Face: 12 portii

INGREDIENTE:
- 1⅓ cană făină
- 1 lingură Scurtare Praf de sare
- 1 kg Ricotta
- 2 lingurițe fulgi de ciocolată semidulce
- 1 lingură coajă de portocală confiată, tăiată fin
- ½ linguriță de vin cu zahăr, dulce sau uscat
- 1 Jigger creme de cacao sau alt lichior
- 2 linguri de zahăr

INSTRUCȚIUNI:
a) Se amestecă făina, scurtarea, sarea și zahărul. Adăugați suficient vin pentru a face un aluat tare, dar lucrabil.
b) Se rostogolește în minge; se lasa sa stea 1 ora. Întindeți aluatul cu o grosime de ⅛ inch. Tăiați în pătrate de 5 inci.
c) Puneți tubul de cannoli peste colțurile pătratului. (Tubul Cannoli ar trebui să aibă 8 inci lungime și 1 inch în diametru).
d) Îndoiți mai întâi un colț în jurul tubului, apoi celălalt și apăsați împreună.
e) Se prăjește în grăsime adâncă, pe rând, până când devine maro închis.
f) Scoateți cannoli cu grijă și lăsați să se răcească înainte de a umple.

45. Cannoli cu fistic și stropi

Produce: 16 portii

INGREDIENTE:
- 1½ cană brânză ricotta din lapte integral; bine drenat
- 3 linguri de zahăr
- 1½ linguriță de scorțișoară
- 1 cană făină universală
- 1 lingura de zahar
- 1 lingură Unt sau untură
- 4 linguri de vin dulce Marsala
- 1½ cană ciocolată cu lapte; tocat grosier
- ¼ cană Fistic; vin alb tocat grosier sau uscat
- 2 cani de ulei vegetal
- Stropi colorate
- Zahărul de cofetarie

INSTRUCȚIUNI:
a) Într-un castron, combinați toate ingredientele de umplutură și amestecați bine.
b) Dați la frigider, acoperit, până când sunt gata să umpleți cojile de cannoli.
c) Pentru a face aluatul, puneți făina într-un bol sau într-un robot de bucătărie. Adăugați untul sau untura și zahărul și amestecați cu o furculiță, sau puls, până când amestecul seamănă cu o făină grosieră. Adăugați încet ¼ de cană de vin și modelați amestecul într-o bilă; mai adauga putin vin daca aluatul pare prea uscat. Ar trebui să fie moale, dar nu lipicios. Framantam aluatul pe o suprafata infainata pana se omogenizeaza, aproximativ 10 minute. Înfășurați aluatul și lăsați-l la frigider pentru 45 de minute.
d) Puneți aluatul răcit pe o suprafață de lucru cu făină. Împărțiți aluatul în jumătate. Se lucrează cu câte 1 bucată de aluat; păstrați aluatul rămas la rece. Întindeți aluatul într-un dreptunghi lung foarte subțire de aproximativ 14 inci lungime și 3 inci lățime, fie manual, fie folosind o mașină de paste setată la cea mai fină setare. Tăiați aluatul în pătrate de 3 inci. Puneți o formă de cannoli în

diagonală pe 1 pătrat. Rulați aluatul în jurul formei, astfel încât punctele să se întâlnească în centru. Sigilați punctele cu puțină apă. Continuați să faceți cilindri până când este folosit tot aluatul.

e) Într-o tigaie electrică, încălziți uleiul vegetal la 375F. Prăjiți cannolii câte 3 sau 4, întorcându-i pe măsură ce se rumenesc și se formează, până se rumenesc pe toate părțile. Scurgeți-le pe hârtie maro. Când sunt suficient de rece pentru a fi manipulate, glisați cu grijă cannoli de pe forme.

f) Pentru a servi, folosiți o lingură lungă de ceai cu gheață sau o pliculețe de patiserie fără vârf pentru a umple cannoli cu amestecul de brânză ricotta. Înmuiați capetele în stropi colorate, aranjați-le pe o tavă și presărați zahăr de cofetă peste blaturi. Serviți deodată.

46. Marsala Wine Cannoli

Face: 4 portii

INGREDIENTE:
- 1⅓ cană făină
- Vârf de cuțit de sare
- ½ linguriță de zahăr
- 1 lingura coaja rasa de portocala sau de lamaie
- 1 kg brânză Ricotta
- 2 linguri bucăți de ciocolată în miniatură sau
- Ciocolata semidulce rasa
- 1 lingura de unt
- vin de Marsala
- 1 albus de ou, batut
- Ulei; pentru prăjit
- 1 lingura Citron confiat, sau glaced
- Fructe; cioplit
- 2 linguri de zahăr

INSTRUCȚIUNI:
a) PASTE: Combinați făina, sarea, zahărul, coaja de citrice și untul și amestecați bine. Adăugați Marsala cu linguriță până când aluatul este tare. Răciți timp de 2 ore. Rulați aluatul pe o placă ușor făinată într-un dreptunghi mare.
b) Tăiați în pătrate de 4". Înfășurați pătrate în jurul tuburilor de cannoli, astfel încât 2 colțuri să se plieze și două colțuri să fie orientate spre exterior. Ungeți colțurile care se ating cu albuș de ou, astfel încât să se lipească.
c) Se prajesc in ulei incins pana devin aurii. Se răcește și se scoate din tuburi. Completati.
d) Face 10 până la 12 cannoli. Dacă nu aveți tuburi de cannoli, faceți tuburi cu diametrul de 2" din folie de aluminiu rezistentă și pliați aluatul în consecință.
e) Umplutura: Combinați toate ingredientele și umpleți cannoli.

47. Cannoli cu portocale

Face: 1 porție

INGREDIENTE:
- 5½ cană făină universală
- ¼ linguriță scorțișoară
- 1 lingurita zahar
- 1 lingurita pudra de cacao neindulcita
- 2 linguri de unt nesarat
- 3 linguri Marsala
- 1 kg ricotta din lapte de oaie
- ½ cană zahăr superfin
- 1 lingura de vanilie
- 4 linguri coaja de portocala
- ¼ cană fulgi mici de ciocolată
- 1 albus de ou; ușor bătută
- 2 litri de ulei de canola; pentru prăjit
- Zahăr pudră; pentru praf

INSTRUCȚIUNI:
a) Se amestecă ingredientele uscate și se taie în unt cu 2 cuțite. Adauga Marsala si modeleaza aluatul intr-o bila. Înfășurați în plastic și dați la frigider.
b) Încălzește 2 litri de ulei de canola într-o oală de 31/2 litri la 350 de grade.
c) Într-un castron, amestecați ricotta, zahărul, vanilia, coaja de portocală și fulgii de ciocolată până se amestecă bine. Se pune într-o pungă de patiserie cu vârful deschis și se pune la frigider. Scoateți aluatul din frigider și împărțiți-l în 4 bucăți. Rulați o bucată pe o suprafață plană cu sucitorul până la o grosime de 1/16 inch. Tăiați în cercuri de 4 inci. Folosind un sucitor, alungește cercurile în ovale. Înfășurați ovalele pe lungime în jurul formelor metalice și sigilați marginea cu albușuri. Capetele se deschid cu degetele și se pun în ulei încins și se prăjesc până se rumenesc, aproximativ 2 până la 3 minute. Scoateți și lăsați să se scurgă pe prosoape de hârtie. Când este suficient de rece pentru a atinge, răsuciți mucegaiurile departe

de cochilii. Cojile pot fi făcute cu 1 zi înainte și se pot odihni neumplute și neacoperite. Când este gata de mâncat, umpleți cannoli cu cremă de ricotta, pudrați cu zahăr pudră și serviți.

48. Orange Curaçao Cannoli

Face: 12 porții

INGREDIENTE:
- 1¾ cană făină; aproximativ
- 1 lingura de zahar
- ¼ lingurita Sare
- 1 lingurita scortisoara
- 3 linguri otet de vin; (le pastreaza crocante)
- 1 ou
- 1 lingura de unt sau margarina; la temperatura camerei
- 1 kg brânză Ricotta
- ½ cană zahăr cofetar
- ¼ lingurita extract de vanilie
- 2 linguri coaja de portocala confiata tocata fin; sau citron
- 3 linguri Ciocolata
- ½ linguriță scorțișoară
- 2 linguri Orange Curacao; (optional)
- 1 albus de ou; să se spele
- ¼ cană fistic tocat; sau alte nuci pentru a ornat; (optional)
- 1 lingură zahăr cofetar; a stropi
- Ulei; pentru prăjire adâncă

INSTRUCȚIUNI:
ALUAT:
a) Folosește-ți mixerul electric. Într-un bol de amestecare se măsoară 1 cană de făină, zahăr, sare și scorțișoară. Atașați vasul și cârligul pentru aluat.

b) Treceți la viteză medie-lentă și amestecați timp de aproximativ 45 de secunde. Cu mixerul în funcțiune, adăugați oțet, apă, oul și untul. Se amestecă pentru a se amesteca timp de 2 până la 3 minute.

c) Adăugați făina rămasă, câte ¼ de cană o dată, după cum este necesar pentru a face un aluat care se lipește de cârlig.

d) Frământați timp de 5 minute. Dacă aluatul se lipește de părțile laterale ale vasului, adăugați stropi de făină. Aluatul va fi neted și elastic.

e) Înfășurați aluatul moale în folie sau plastic și lăsați-l la frigider pentru a se relaxa și a se răci timp de cel puțin 1 oră.
f) Încălzește cel puțin 2 inci de ulei vegetal la 375 de grade.
g) Puneți aluatul pe o suprafață de lucru cu făină și rulați extrem de subțire-- 1/16 inch sau mai puțin! Nu te grăbi. Când aluatul se trage înapoi, lăsați-l să se relaxeze. Dacă se înmoaie și se lipește, pune-l înapoi la frigider pentru 5 sau 10 minute.
h) Tăiați cercuri de 4½ inci (dimensiunea mai multor capace mici cu margarină!) Întindeți resturile de aluat și continuați până când tot aluatul este folosit. Ar trebui să aveți 12 până la 14 cercuri.
i) Când cercurile sunt tăiate, rulați din nou chiar înainte de a le pune pe tuburile de cannoli. Acest lucru le va da o formă ovală, de aproximativ 5 inci pe 4 ½ inci.
j) Așezați aluatul astfel încât dimensiunea sa cea mai lungă să fie lungimea tubului metalic. Ungeți vârful aluatului cu albuș pentru a sigila. Toll aluat pe tub.
k) Prăjirea adâncă. Durata de timp va depinde de grosimea cochiliilor. O coajă foarte subțire va avea nevoie de aproximativ 2 minute. O coajă mai groasă poate necesita până la 6 minute. Prăjiți câte două sau trei.
l) Întoarceți o dată în timpul prăjirii. Se prăjește până se rumenește. Scoateți cu clești. Răciți câteva minute și apoi împingeți tuburile libere pentru a le utiliza din nou. Răciți complet cojile înainte de a umple.

UMPLERE:
m) Crema branza ricotta intr-un castron cu o spatula sau lingura de lemn sau cu un mixer electric pana se omogenizeaza, aproximativ 5 minute. Adăugați zahăr de cofetă, vanilie, fructe confiate, ciocolată, scorțișoară și curacao de portocale. Continuați să bateți încă 4 sau 5 minute.
n) Dați la frigider până când sunt gata să umpleți cojile.
o) Folosiți o lingură mică pentru a umple umplutura în coji. Înmuiați capetele în nuci tăiate. Cerneți zahărul de cofetă peste coji și serviți.

49. Amaretto Cannoli

Face: 6 portii

INGREDIENTE:
- 2¾ cană făină universală; cernută
- 2 linguri de zahăr
- ¼ cană unt
- 1 ou; bătut
- ⅔ cană vin Marsala; sau sherry sau vin dulce
- 1 albus de ou
- Ulei; pentru prăjit
- 1 kg brânză Ricotta
- 2 căni de zahăr cofetar; cernută
- ⅓ cană fructe confiate; tocat fin (amestecat cu cirese confiate)
- 2 uncii chipsuri de ciocolată dulce-amăruie
- 2 linguri Amaretto; sau lichior Maraschino

INSTRUCȚIUNI:
a) Aluat: Se amestecă făina și zahărul și se taie în unt. Adăugați treptat oul și vinul, apoi formați o bilă. Framantam aluatul pana se omogenizeaza, aproximativ 5 minute.
b) Acoperiți și lăsați să stea cel puțin 1 oră.
c) Umplutură: Presă brânza ricotta printr-o sită într-un bol de amestecare. Adăugați zahăr, rezervând 2 linguri. Adăugați fructe confiate cu cireșe și fulgi de ciocolată. Răciți la frigider.
d) Între timp, pe o suprafață cu făină, rulați aluatul în rondele subțiri ca hârtie de aproximativ 4 inci în diametru. Înfășurați tuburile de cannoli care au fost unse cu ulei de măsline. Ungeți albușul pe clapă pentru a sigila.
e) Încălziți uleiul la 380 F și prăjiți aluatul. Scurgeți pe mai multe straturi de prosoape de hârtie. Răciți, apoi glisați cu atenție tuburile metalice. Când este gata de servire, și nu înainte, deoarece aluatul va deveni umed, introduceți umplutura prin duza cea mai mare a unei pungi de patiserie. Puneți mai multe bucăți de ciocolată în umplutură la fiecare capăt.
f) Pudrati cu zaharul de cofetari ramas si serviti imediat.

50. Cannoli alla siciliana

Face: 12 portii

INGREDIENTE:
COCICI:
- 2 căni de făină universală
- 2 linguri Scurtare
- 1 lingurita zahar
- ¼ lingurita Sare
- ¾ cană de vin, Marsala, Burgundy sau Chablis
- Ulei vegetal

UMPLERE:
- 3 căni de ricotta
- ½ cană zahăr cofetar
- ¼ cană scorțișoară
- ½ pătrat neindulcit
- Ciocolata rasa SAU
- ½ lingură cacao (ambele opționale)
- ½ lingurita de vanilie
- 3 linguri coaja de citron, tocata
- 3 linguri coaja de portocala, confiata, tocata
- 6 Cireșe glace, tăiate

INSTRUCȚIUNI:
a) COJI: Se amestecă făina, scurtarea, zahărul și sarea, iar umezirea treptat cu vin, se frământă cu degetele până se formează un aluat sau o pastă destul de tare. Formați o bilă, acoperiți cu o cârpă și lăsați să stea aproximativ 1 oră.

b) Tăiați aluatul în jumătate și rulați jumătate din aluat într-o foaie subțire de aproximativ ¼ inch grosime.

c) Tăiați în pătrate de 4 inci. Așezați un tub de metal în diagonală peste fiecare pătrat de la un punct la altul, înfășurând aluatul în jurul tubului prin suprapunerea celor două puncte și sigilând punctele suprapuse cu puțin albuș de ou.

d) Între timp, încălziți ulei vegetal într-o tigaie mare și adâncă pentru prăjire adâncă. Puneți unul sau două tuburi odată în uleiul fierbinte. Se prăjește ușor până când aluatul capătă o culoare maro auriu.

e) Scoateți din tavă, lăsați să se răcească și îndepărtați ușor coaja din tubul metalic.

f) Pune cojile deoparte să se răcească. Repetați procedura până când toate cojile sunt făcute.

g) Umplutura: Amesteca bine ricotta cu ingrediente uscate cernute. Adăugați vanilia și coaja de fructe. Se amestecă și se amestecă bine.

h) Răciți la frigider înainte de a umple cojile.

i) Umpleți cojile de cannoli reci; umplutură netedă uniform la fiecare capăt al cochiliei. Decorați fiecare capăt cu o bucată de cireș glace și stropiți coji cu zahăr de cofetarie. Se da la frigider pana este gata de servire.

j) Acestea sunt cele mai bune dacă sunt umplute chiar înainte de sosirea companiei dvs.

51. Pizza cu crema de cannoli

Face: 1 porție

INGREDIENTE:
- Desert Pizza Shells
- 1 cană zahăr cofetar
- 6 cani de branza Ricotta, bine scursa
- 1¼ cană fructe confiate, tocate fin
- 2 lingurite extract de vanilie
- 2 uncii chipsuri de ciocolată semidulce în miniatură
- Fistic nesărat, tocat grosier
- Pudră de cacao neîndulcită

INSTRUCȚIUNI:
a) Într-un robot de bucătărie sau un bol de mixare, bateți zahărul de cofetă cu brânza ricotta până devine omogen și cremos.
b) Încorporați fructele confiate, vanilia și fulgii de ciocolată. Răciți, acoperit, timp de două până la trei ore înainte de utilizare.
c) Pune un strat de crema de cannoli peste coaja pizza copta.
d) Presarati fistic tocat peste branza. Pudrați ușor cu pudră de cacao dacă doriți.

52. Plăcintă cu cannoli

Face: 1 porție

INGREDIENTE:
- 1½ kilograme de brânză ricotta
- 1½ cană zahăr cofetar
- 3 linguri Smântână groasă
- 12 cireșe, tăiate în sferturi
- 2 uncii de ciocolată dulce Baker
- 2 uncii migdale tăiate
- 1 Crustă de ciocolată pregătită
- Ciocolată dulce de brutar rasă

INSTRUCȚIUNI:
a) Combinați brânza ricotta, zahărul de cofetă și smântâna groasă într-un bol mare; se amestecă bine până se omogenizează și crem.
b) Adăugați cireșe, 2 uncii de ciocolată și migdale; se amestecă pentru a se amesteca.
c) Se toarnă în crusta pregătită. Decorați cu stropire de ciocolată rasă, dacă doriți.
d) Acoperiți cu folie și congelați cu 3 ore înainte de servire. (Dacă plăcinta devine solidă, lăsați să se înmoaie puțin înainte de servire.

53. Cannoli pentru copii

Face: 10 portii

INGREDIENTE:
- 15 uncii brânză ricotta parțial degresată
- ⅔ cană zahăr cofetar
- ½ linguriță coajă de portocală rasă
- ½ linguriță extract de vanilie
- 2 linguri chipsuri de ciocolată în miniatură
- 10 cornet de înghețată cu zahăr

INSTRUCȚIUNI:
a) Într-un castron mare cu mixerul electric la mic, bateți brânza ricotta, zahărul, coaja de portocală și vanilia până la omogenizare. Se amestecă fulgi de ciocolată. Acoperiți și lăsați la frigider 30 de minute.

b) Pentru a servi, turnați amestecul direct în conurile de înghețată sau în punga de decorare fără vârf și apoi introduceți în conuri.

54. Coji de cannoli și umplutură

Face: 1 porție

INGREDIENTE:
- 1½ cană de făină
- ½ linguriță Praf de copt
- 1 albus de ou
- ¼ lingurita Sare
- 2 linguri de unt
- 8 uncii de brânză Ricotta
- ½ cană frișcă
- ¼ cană zahăr pudră
- 1 lingurita de vanilie
- ¼ cană chipsuri de ciocolată în miniatură

INSTRUCȚIUNI:
a) Cerneți făina, sarea și praful de copt. Tăiați în unt; framanta bine. Pe o tabla tapata cu faina, rulati aluatul la 1/16 inch grosime. Tăiați în pătrate de 4 inci.
b) Cu sucitorul, rulați pătratele în ovale. Înfășurați fiecare oval în jurul tubului Cannoli. Sigilați marginea cu albuș. Se prăjesc câte 2 în ulei la 350 de grade timp de 1 până la 2 minute. Țineți tuburile cu bețișoare pentru a se scurge. Se răcește timp de 5 minute. Scoateți cu grijă tuburile. Face 12 scoici.
c) Umplutură: În blender, combinați brânza, smântâna, zahărul și vanilia. Încorporați fulgi de ciocolată. Umpleți cojile Cannoli. Pudrați cu zahăr pudră. Se ornează cu sirop de ciocolată. Umpleți 12 scoici.

55. Gustări cu cannoli

Face: 50 de porții

INGREDIENTE:
- 8 uncii brânză ricotta parțial degresată
- 3 linguri zahăr cofetar
- 1 lingurita coaja de portocala rasa
- 50 Melba rotunde sau fripturi
- ¼ cană scorțișoară sau pudră de cacao; la gust

INSTRUCȚIUNI:
a) Într-un castron mic, combinați brânza, zahărul și coaja de portocală.
b) Întindeți aproximativ 1 linguriță de amestec pe fiecare rundă de melba.
c) Stropiți cu scorțișoară sau cacao.

56. Cannoli de ciocolată

Face: 9 portii

INGREDIENTE:
- 1 kg Ricotta - scursă dacă este necesar
- 1 cană zahăr pudră
- ½ cană nuci, prăjite, tocate
- 1 cană de făină - universal
- 1 lingurita Praf de copt
- 1 lingurita zahar pudra
- Ciupiți de sare
- ⅓ cană de bere
- 1 lingura Unt nesarat - camera
- ⅓ cană Chips de ciocolată - demidulci
- 1 lingurita coaja de portocala - rasa
- ½ lingurita coaja de lime - temperatura rasa
- 1 fiecare ou - batut pentru a se amesteca
- 1 lingurita de vanilie
- Ulei vegetal pentru prăjire adâncă

INSTRUCȚIUNI:
a) PENTRU UMPLURE: Se face piure de ricotta si zahar in procesor pana se omogenizeaza.
b) Transferați într-un castron mare. Se amestecă următoarele 4 ingrediente . Se acopera si se da la frigider pana se raceste bine. (Poate fi pregătit cu 1 zi înainte.)
c) Aduceți umplutura la temperatura camerei înainte de utilizare.
d) PENTRU ALUAT: Combinați făina, praful de copt, zahărul și un praf de sare într-un castron mare. Faceți bine în centru. Se adauga berea, untul, jumatate de ou (reserva restul pentru o alta utilizare) si vanilia. Trageți treptat făina de la marginea fântânii în centru până când toată făina este încorporată. Framantam aluatul pe suprafata usor infainata pana se omogenizeaza.
e) Acoperiți și lăsați să stea 1 oră. Întindeți aluatul în pătrat de 12 inci.

f) Tăiați în nouă pătrate de 4 inci. Înfășurați 1 pătrat în jurul fiecărei forme de cannoli, periând marginile cu apă și apăsând ușor pentru a sigila. Încălziți uleiul într-o friteuză sau o tigaie mare la 350F.

g) Adăugați cannoli în loturi și gătiți până când devin aurii, întorcându-le ocazional, aproximativ 4 minute. Scurgeți pe prosoape de hârtie. Scoateți cojile din formele de cannoli.

h) Misto. Se pune umplutura în punga de patiserie fără vârf. Puneți umplutura în coji de cannoli.

57.   Cannolis acoperiți cu ciocolată

Face: 12 portii

INGREDIENTE:
- 2 cani de branza ricotta
- 1 cană zahăr cofetar
- 1 lingură extract pur de vanilie
- 2 linguri rom
- 12 coji de cannoli
- ½ kilogram ciocolată demidulce; topit
- 2 linguri coji de lamaie confiate
- 2 linguri coji de portocale confiate

INSTRUCȚIUNI:
a) Într-un castron, amestecați brânza, zahărul, vanilia și romul. Amesteca bine.

b) Umpleți o pungă de patiserie cu amestecul de brânză. Umpleți fiecare coajă de cannoli cu aproximativ ¼ de cană de umplutură. Tapetați o foaie de copt cu pergament sau hârtie cerată. Înmuiați jumătate din fiecare cannoli în ciocolata topită.

c) Se presara jumatatea ramasa cu coaja de lamaie si portocala confiata.

d) Se aseaza pe hartie de copt si se da la frigider pana se fixeaza ciocolata.

58. Cannolis de ciocolată cu fistic

Face: 12 porții

INGREDIENTE:
- ½ pachet (11,5 oz) bucăți de ciocolată cu lapte Nestle Toll House
- 1 cutie (15 oz) de brânză ricotta
- 2 pachete (3 oz) cremă de brânză; înmuiat
- 2 linguri zahar cernut
- 2 linguri Citron tocat
- 1 lingurita extract de vanilie
- 12 coji de cannoli de 5 inci pregătite
- ⅓ cană nuci fistic tocate mărunt

INSTRUCȚIUNI:
a) Topiți peste apă fierbinte (nu clocotită), bucăți de ciocolată cu lapte Nestle Toll House; se amestecă până la omogenizare. Se ia de pe foc; se răcește la temperatura camerei. Într-un castron mare, bateți brânza ricotta până la omogenizare.
b) Adăugați crema de brânză, zahăr de cofetă, extract de citron și vanilie; bate bine.
c) Amestecați bucățile topite. Turnați în coji de cannoli. Scufundați capetele în nuci.
d) Se da la rece până când este gata de servire.

59. Cannoli cu conținut scăzut de grăsimi cu sos de zmeură

Face: 6 portii

INGREDIENTE:
- 2 containere; (15 oz) brânză ricotta fără grăsime
- 12 Wonton; (4 in.) ambalaje
- Spray de gătit cu aromă de unt
- 1 lingurita de amidon de porumb dizolvat in 1 lingurita de apa; (pentru pasta)
- 6 linguri de zahăr
- ½ linguriță extract de vanilie
- ¼ linguriță extract de migdale
- 3 căni de zmeură proaspătă
- 2 linguri zahăr cofetar; pana la 4
- 2 lingurite coaja de lamaie
- 1 lingura Tocat; fistic ușor prăjite

INSTRUCȚIUNI:
a) Scurge ricotta timp de 6 până la 8 ore
b) Preîncălziți cuptorul la 400 de grade F. Pulverizați ușor 12 tuburi de cannoli cu spray de gătit. Începând de la colțuri, înfășurați wontonurile în jurul tuburilor. Lipiți cu tampon sau pastă de amidon de porumb. Pulverizați ușor exteriorul cannoli. Puneți pe o tavă de copt și coaceți până devin maro auriu și crocanți, aproximativ 4 până la 6 minute. Se lasă să se răcească puțin, apoi glisează aluatul din tuburi. Se răcește pe un grătar.
c) Umplutură: într-un castron mare, amestecați ricotta, zahărul și extractele. Pune deoparte sau transferă într-o pungă de patiserie prevăzută cu un ½-in. vârf de stea.
d) Sos: se face piure de zmeura intr-un robot de bucatarie. Se strecoară piureul printr-o sită într-un bol. Se amestecă zahărul de cofetă și coaja de lămâie. (Rețeta poate fi pregătită cu câteva ore înainte până la această etapă.) 5. Folosind o pungă de patiserie sau o linguriță, introduceți ¼ c amestec în fiecare coajă. Se presara capetele cu fistic tocat.
e) Pentru a servi, puneți sosul de zmeură pe farfurii de desert.

f) Puneți 2 cannoli pe fiecare farfurie deasupra sosului de zmeură și serviți imediat.

60. Cannoli glazurat cu cireșe

Face: 1 porție

INGREDIENTE:
- 1 kg de făină cernută
- ¼ linguriță scorțișoară
- 1 lingura de cafea instant pudra
- Coaja rasă de jumătate de lămâie
- 2 uncii de zahăr
- 1 ou putin batut
- 1 galbenus de ou putin batut
- 2 linguri ulei de gatit
- ½ cană de vin semidulce
- În plus 2 gălbenușuri; ușor bătută
- Grăsime pentru prăjire adâncă
- 1½ kilograme Ricotta
- 4 uncii de zahăr pudră
- 4 uncii de ciocolată de băut
- 4 uncii Sherries glazurate
- 4 uncii migdale prăjite [tocate]

INSTRUCȚIUNI:
a) Aluat - amestecați și cernați făina, scorțișoara și cafeaua într-un castron. Se amestecă coaja de lămâie, zahărul, ou și gălbenușul de ou și uleiul.
b) Amestecați cu mâna adăugând doar suficient vin pentru a menține ingredientele împreună pentru a forma un aluat. se răstoarnă pe o masă cu făină și se frământă până când este omogen și elastic, aproximativ 10 minute. Răciți aluatul câteva ore.
c) Tăiați bucăți de aluat și întindeți-le subțire. Tăiați dreptunghiuri de aproximativ 3½ inci pe 5 inci și înfășurați un tub de cannoli [un tub de metal de aproximativ 1 inch diametru. și aproximativ 4-5 inci lungime] Sigilați marginile periând cu gălbenușurile de ou rămase.
d) Prăjiți câte două sau trei o dată, aruncând tubul învelit în grăsime fierbinte. până se rumenește ușor, aproximativ un minut.

e) Scurgeți pe hârtie absorbantă: lăsați să se răcească ușor apoi împingeți movila de la un capăt.

f) Pregătiți umplutura batând ricotta până la omogenizare, apoi presărați ciocolata de băut și zahărul pudră și amestecați bine.

g) Se amestecă celelalte ingrediente rezervând câteva din migdalele mărunțite. Chiar înainte de servire, umpleți cannoli cu umplutura de ricotta și înmuiați capetele în migdale tăiate.

61. <u>Cannoli Wonton</u>

Face: 4 portii

INGREDIENTE:
24 de piei wonton
Ulei de arahide pentru prăjire adâncă
Fistic nesărat măcinat grosier
Zahăr de cofetari suplimentar
Crengute de menta
UMPLERE:
1 lb. brânză ricotta cu conținut scăzut de grăsimi, bătută netedă
½ c. de zahăr de cofetarie cernut
1 lingurita extract pur de vanilie
⅓ c ciocolată demidulce mărunțită

INSTRUCȚIUNI:
a) Încălziți uleiul în friteuza la 375. Lucrați cu 6 piei wonton o dată.
b) Păstrați restul bine înfășurat în hârtie cerată și acoperit cu un prosop ușor umezit. Puneți o coajă wonton pe suprafața de lucru și puneți un tub de cannoli în diagonală în centrul acestuia. Dacă nu aveți un tub de cannoli, formați un tub cu niște folie de aluminiu. Aduceți părțile pielii în sus peste tub. Sigilați vârfurile suprapuse cu un strop de apă. Formați piei wonton în jurul celor 5 tuburi rămase. Gatiti, cate 2 tuburi odata, cu cusatura in jos, in ulei fierbinte, timp de 30 de secunde sau doar pana devin aurii. Scoateți cu clește și scurgeți pe prosop de hârtie. În timp ce cojile sunt încă fierbinți, împingeți-le ușor de pe tuburi cu o spatulă mică de metal și cu degetele.
c) Repetați cu pielea rămasă și asigurați-vă că tuburile se răcesc complet înainte de a le împacheta cu piele.
Umplere:
d) Combinați ricotta, zaharul de cofetarie, vanilia și ciocolata.
e) Acoperiți și răciți 2 ore sau peste noapte. Pentru a servi: umplutură cu lingură în coji de cannoli. O pungă de patiserie va fi foarte utilă aici sau tăiați un colț dintr-o pungă de sandvici și stoarceți amestecul din ea. Înmuiați fiecare capăt al umpluturii în

fistic. Aranjați pe farfuria de servire. Cerne mai mult zahăr peste fiecare și ornează cu crenguțe de mentă.

62. Gelat Cannoli

Produce: 5

INGREDIENTE:
- 2 cani de lapte integral
- ¼ cană gălbenușuri de ou
- ½ cană zahăr granulat alb
- ¼ lingurita extract de vanilie
- ½ cană smântână groasă
- ½ cană de ricotta
- ⅛ linguriță sare
- ½ cană de coji de cannoli zdrobite
- ½ cană mini chipsuri de ciocolată

INSTRUCȚIUNI:
a) Combinați laptele întreg și smântâna groasă într-o cratiță mică și aduceți la fierbere la foc mediu. Opriți focul corect când fierbe și scoateți tigaia de pe plita încinsă.
b) Adăugați extractul de vanilie.
c) În timp ce așteptați ca amestecul de smântână și lapte să fiarbă, amestecați gălbenușurile și zahărul până devin palide și spumoase. Poate doriți să utilizați un mixer electric pentru a face acest pas, deoarece va trebui să bateți un timp!
d) În timp ce bateți gălbenușurile, turnați încet amestecul de lapte fierbinte în gălbenușuri, amestecând încontinuu și turnând încet, pentru a nu găti accidental ouăle cu căldura din lapte.
e) Adăugați amestecul de lapte și ouă înapoi în cratiță și întoarceți-l pe aragaz, gătind la foc mic, până când amestecul este suficient de gros pentru a acoperi spatele unei linguri și asigurați-vă că amestecați în continuare. Nu lăsați laptele să fiarbă și dacă vedeți că în amestec începe să se formeze cocoloașe, luați amestecul de pe foc și treceți-l printr-o strecurătoare.
f) Amesteca ricotta pana se omogenizeaza bine.
g) Lăsați amestecul de gelato să se răcească la frigider, acoperit complet, timp de cel puțin 4 ore sau peste noapte dacă este posibil.

h) Odată ce amestecul de gelato s-a răcit, turnați-l într-o mașină de înghețată și congelați gelato conform instrucțiunilor mașinii de înghețată. Gelato-ul va fi textura de înghețată moale de servire atunci când este făcut în mașina de înghețată.

i) Puneți cojile de cannoli zdrobite și mini-chipsurile de ciocolată și puneți-le într-un recipient sigur pentru congelator și puneți-le la congelator timp de cel puțin două ore. Serviți frumos și rece când sunteți gata să savurați!

REȚEA

63. Torta de mamaliga cu ierburi cu spanac, ciuperci si ricotta

Face: 8 portii

INGREDIENTE:
- 2 cani de ciuperci; feliate
- 1 cană dovlecel; feliate subțire
- 1 cană de dovleac galben; feliate subțire
- ½ cană ceapă verde; feliate subțire
- ¼ cană vin roșu sec
- 1 cană de roșii; tocat cu seminte
- ½ linguriță pudră de usturoi
- ¼ linguriță praf de ceapă
- 1 cutie (14 uncii) inimioare de anghinare; scursa si tocata grosier
- 1 pachet (10 uncii) spanac tocat congelat; dezghețat, scurs și stors uscat
- 1 cană brânză ricotta fără grăsimi
- ½ cană (2 uncii) brânză mozzarella parțial degresată; mărunțită
- ¼ cană (1 uncie) parmezan proaspăt; răzuit
- 3 albusuri mari; ușor bătută
- 1 ou mare
- 1¼ cană mămăligă
- ½ cană ardei gras roșu; tocat
- ¼ cană pătrunjel proaspăt; tocat
- 1 lingurita oregano; uscat
- ¾ lingurita Sare
- ½ linguriță Busuioc; uscat
- ¼ lingurita Piper
- 4 căni de apă
- ¼ cană (1 uncie) parmezan proaspăt; răzuit
- Spray de gatit

INSTRUCȚIUNI:
a) Pentru a pregăti umplutura cu spanac: Preîncălziți cuptorul la 350 0 F. Combinați primele cinci ingrediente într-o tigaie mare antiaderentă; amesteca bine. Gatiti la foc mediu-mare 7 minute sau pana cand legumele sunt fragede si lichidul aproape se evapora.

b) Se pune într-un castron; se amestecă roșia tocată, praf de usturoi, praf de ceapă, anghinare și spanacul. Combinați ingredientele rămase într-un castron mic; amesteca bine. Se adaugă la amestecul de ciuperci; amesteca bine. Pus deoparte.

c) Pentru a prepara mămăligă cu ierburi: Combină primele 7 ingrediente într-o cratiță mare.

d) Adăugați treptat apă, amestecând constant cu un tel. Se aduce la fierbere; reduceți căldura la mediu. Gatiti, 15 minute, amestecand des. Se amestecă parmezan. Turnați mămăligă într-o tigaie de 10 inci sub formă de arc acoperită cu spray de gătit, răspândind uniform.

e) Pentru a completa rețeta: întindeți umplutura de spanac peste mămăligă cu ierburi. Acoperiți cu 1 cană (¼ inch grosime) felii de roșii; stropiți cu ½ cană (2 uncii) de brânză mozzarella mărunțită, parțial degresată. Așezați tava pe o foaie de copt.

f) Coaceți, descoperit, la 350 de grade F timp de 1 oră sau până când se fixează.

g) Lasam sa se raceasca pe un gratar 10 minute. Tăiați în 8 felii și serviți cu sos de spaghete cu conținut scăzut de sodiu.

64. Cartofi dulci florentini cu usturoi

Face: 4 portii

INGREDIENTE:
- 4 cartofi dulci
- 2 pachete de 10 uncii de spanac
- 1 lingura ulei de masline
- 1 şalotă, tocată
- 2 catei de usturoi, tocati
- 6 roşii uscate la soare, tăiate cubuleţe
- ¼ lingurita sare
- ¼ lingurita piper negru
- ¼ de linguriţă fulgi de ardei roşu
- ½ cană de brânză ricotta parţial degresată

INSTRUCŢIUNI:
a) Pregătiţi cuptorul preîncălzindu-l la 400 de grade Fahrenheit.
b) Asezati cartofii dulci pe o tava de copt pregatita dupa ce ii strapungeti cu o furculita.
c) Coaceţi 45-60 de minute până când cartofii sunt fierţi. Lăsaţi timp pentru răcire.
d) Împărţiţi cartofii de-a lungul mijlocului cu un cuţit şi pufăiţi pulpa cartofului cu o furculiţă, apoi lăsaţi deoparte.
e) Intr-o tigaie se incinge uleiul la foc moderat. Gatiti timp de 3 minute pana ce salota se inmoaie.
f) Gatiti inca 30 de secunde pana cand usturoiul devine aromat.
g) Combinaţi spanacul scurs, roşiile, sarea, piper negru şi fulgii de ardei roşu. Gatiti inca 2 minute.
h) Se ia de pe foc si se lasa la racit.
i) Incorporati branza ricotta in amestecul de spanac.
j) Serviţi amestecul de spanac peste cartofii dulci împărţiţi.

65. Risotto cu sfeclă și orz

Produce: 6

INGREDIENTE
- 2 sfeclă roșie sau galbenă (aproximativ 1½ kilograme în total) sau 1½ kilograme sfeclă pentru pui, tulpini și frunze rezervate
- Ulei de măsline extra virgin
- Sare cușer
- 10 căni de supă de pui
- 2 linguri de unt nesarat
- 1 cana ceapa galbena tocata (aproximativ 1 ceapa medie)
- 2 catei de usturoi, tocati
- 2 cani de orz sidefat
- ½ cană de vin alb sec (cum ar fi sauvignon blanc sau pinot grigio)
- ¼ ceasca de crème fraîche
- 2 lingurite otet de vin rosu
- Piper negru proaspăt măcinat
- ¼ de kilogram brânză ricotta salata, rasă

INSTRUCȚIUNI
a) Pregătiți sfecla. Preîncălziți cuptorul la 425°F. Clătiți bine tulpinile și verdețurile (frunzele). Tăiați tulpinile subțiri și tăiați grosier frunzele, păstrându-le separate. Tăiați capetele tulpinii bulbilor; spălați bine bulbii sub apă rece.
b) Prăjiți și radeți sfecla. Aranjați bulbii de sfeclă într-o tavă mică de copt. Adăugați suficientă apă pentru a ajunge la jumătatea părții laterale a sfeclei. Stropiți cu ulei de măsline și asezonați generos cu sare. Acoperiți vasul de copt cu folie de aluminiu și etanșați bine. Se prăjește timp de 1 oră sau până când se înmoaie când este străpuns cu o furculiță. Când este suficient de rece pentru a fi manipulat, dar încă cald, folosiți un prosop de hârtie și degetele pentru a freca ușor pielea de pe sfeclă; aruncați pieile. Folosește o răzătoare cu cutie pentru a rade grosier sfecla. Pus deoparte.
c) Gatiti verdeata de sfecla. În timp ce sfecla se prăjește, se încălzește o oală cu apă cu sare până la fierbere. Adăugați verdeața de sfeclă tocată (frunze) și gătiți timp de 4 până la 6 minute, până

se înmoaie. Transferați într-o strecurătoare cu ochiuri fine pentru a se scurge; folosiți o lingură pentru a apăsa verdeața pentru a elibera cât mai mult lichid posibil. Pus deoparte.

d) Încălziți burta și transpirați aromaticele. Într-o cratiță, încălziți supa de pui la fiert la foc mediu. Opriți căldura. Într-o cratiță mare, cu părțile înalte, încălziți 2 linguri de ulei de măsline și 1 lingură de unt la foc mediu-mic până când untul se topește. Adăugați ceapa, usturoiul și tulpinile de sfeclă și asezonați cu sare. Gătiți, amestecând ocazional, timp de 3 până la 5 minute, până când se înmoaie și parfumează, dar nu se rumenesc.

e) Prăjiți orzul. Adăugați orzul. Gatiti, amestecand ocazional, timp de 4 pana la 6 minute, pana cand orzul incepe sa umfle usor. Adăugați vinul și gătiți, amestecând des, timp de 30 de secunde până la 1 minut, până se absoarbe. Se condimentează cu sare și se amestecă pentru a se combina.

f) Adăugați stocul. Adăugați 2 căni de bulion și gătiți, amestecând frecvent, timp de 8 până la 10 minute, până când cea mai mare parte a lichidului a fost absorbită. Repetați cu restul de 8 căni de bulion, adăugând bulionul câte 2 căni o dată și amestecând până când cea mai mare parte a lichidului este absorbită înainte de fiecare adăugare, timp de 22 până la 28 de minute în total.

g) Terminați risottoul. Adăugați sfecla rasă și gătiți, amestecând des, timp de 2 până la 3 minute, până se combină bine. Adăugați verdeața de sfeclă și asezonați cu sare. Gatiti, amestecand des, timp de 30 de secunde pana la 1 minut, pana se incalzesc. Adăugați crème fraîche, 1 lingură de unt rămasă și oțetul. Gătiți, amestecând constant, timp de 2 până la 3 minute, până când se combină bine și se îngroașă. Se ia de pe foc. Asezonați cu sare și piper. Transferați într-un vas de servire, acoperiți cu brânză și serviți.

66. Salată de pui, afine, ricotta și căpșuni

Produce: 2

INGREDIENTE:
- 1 cană de pui la grătar
- ½ cană căpșuni
- 1 cană salată verde
- ½ cană de afine
- ½ cană de ricotta feliată

ÎMBSĂMÂNT:
- 1 lingura ulei de masline sau ulei de avocado
- 1 lingura suc proaspat de lamaie
- praf de piper negru
- praf de sare de mare

INSTRUCȚIUNI:
a) Amestecați toate ingredientele cu excepția salatei și serviți pe patul de salată.

67. Salată de rodie amăruie

Produce: 1-2 porții

INGREDIENTE:
ÎMBSĂMÂNT:
- 2 linguri suc de lamaie
- ½ cană de suc de portocale cu sânge
- ¼ cană de sirop de arțar

SALATĂ:
- ½ cană de microgreens de varză proaspăt tăiată
- 1 radicchio mic, rupt în s
- ½ cană de varză mov, feliată subțire
- ¼ ceapa rosie mica, tocata marunt
- 3 ridichi, tăiate în bucăți subțiri
- 1 portocală sanguină, decojită, fără sâmburi și segmentată
- sare si piper dupa gust
- ⅓ cană de brânză ricotta
- ¼ cană de nuci de pin, prăjite
- ¼ cană de semințe de rodie
- 1 lingura ulei de masline

INSTRUCȚIUNI:
ÎMBSĂMÂNT:
a) Fierbeți ușor toate ingredientele pentru dressing timp de 20-25 de minute.
b) Lăsați să se răcească înainte de servire.

SALATĂ:
c) Combinați radicchio, varza, ceapa, ridichile și microverdeurile într-un bol de amestecare.
d) Se amestecă ușor cu sare, piper și ulei de măsline.
e) Pe un platou de servire, împrăștiați o lingură mică de brânză ricotta.
f) Acoperiți cu nucile de pin și semințele de rodie și stropiți cu siropul de portocale sanguină.

68. Ricotta cu kale, rodie și castane

Produce: 4

INGREDIENTE:
- 200 g varza varza, culesa si spalata
- 200 g castane fierte, tocate grosier
- 250 g branza ricotta
- 2 lingurite melasa de rodie
- Semințe de ½ rodie
- Ulei de masline
- Sare

INSTRUCȚIUNI:
a) Într-o cratiță mare cu apă clocotită cu sare, se fierbe varza varza timp de 3-4 minute, apoi se împrospătează în apă cu gheață.
b) Odată rece, se scurge și se lasă pe o parte.
c) Prăjiți ușor castanele într-un strop de ulei de măsline timp de câteva minute, apoi adăugați varza albă pentru a se reîncălzi.
d) Într-o tigaie separată, încălziți ușor ricotta.
e) Pentru servire pune ricotta caldă pe fundul unei farfurii de servire și deasupra ea cu castane fierbinți și kale.
f) Stropiți peste melasa de rodie și împrăștiați cu semințe proaspete.

69. Scoici umplute de ricotta

Ingrediente:

1 cutie de coji de paste jumbo
15 oz. brânză ricotta
1 cană spanac tocat
1 catel de usturoi, tocat
1/2 cană parmezan ras
2 cani de sos marinara
Sare si piper

Instrucțiuni:

Preîncălziți cuptorul la 375°F.

Gătiți cojile de paste conform instrucțiunilor de pe ambalaj.

Într-un castron, amestecați branza ricotta, spanacul, usturoiul, parmezanul, sare și piper.

Umpleți fiecare coajă cu amestecul de ricotta și puneți-o într-o tavă de copt.

Turnați sos marinara peste scoici.

Acoperiți cu folie și coaceți timp de 30 de minute.

Scoateți folia și coaceți încă 10-15 minute, până când blatul devine maro auriu.

70. Pui umplut cu ricotta si spanac

Ingrediente:

4 piept de pui dezosați și fără piele
10 oz. spanac congelat, dezghețat și scurs
1 cană de brânză ricotta
1/2 cană parmezan ras
1 catel de usturoi, tocat
Sare si piper
Ulei de masline

Instrucțiuni:

Preîncălziți cuptorul la 375°F.

Într-un castron, amestecați spanacul, brânza ricotta, parmezanul, usturoiul, sare și piper.

Tăiați câte un buzunar în fiecare piept de pui și umpleți cu amestecul de ricotta.

Se condimentează exteriorul pieptului de pui cu sare și piper.

Încinge ulei de măsline într-o tigaie mare la foc mediu-mare.

Prăjiți pieptul de pui pe ambele părți până devin maro auriu.

Transferați pieptul de pui într-o tavă de copt și coaceți timp de 25-30 de minute sau până când temperatura internă atinge 165°F.

71. Scoici umplute cu ricotta si ciuperci

Ingrediente:

1 cutie de coji de paste jumbo
15 oz. brânză ricotta
1 cană ciuperci tocate
1/4 cana ceapa tocata
1 catel de usturoi, tocat
1/2 cană parmezan ras
2 cani de sos marinara
Sare si piper
Instrucțiuni:

Preîncălziți cuptorul la 375°F.
Gătiți cojile de paste conform instrucțiunilor de pe ambalaj.
Într-o tigaie, căliți ciupercile și ceapa până se înmoaie.
Într-un castron, amestecați branza ricotta, amestecul de ciuperci, usturoiul, parmezanul, sare și piper.
Umpleți fiecare coajă cu amestecul de ricotta și puneți-o într-o tavă de copt.
Turnați sos marinara peste scoici.
Acoperiți cu folie și coaceți timp de 30 de minute.
Scoateți folia și coaceți încă 10-15 minute, până când blatul devine maro auriu.

72. Pui umplut cu ricotta și pesto

Ingrediente:

4 piept de pui dezosați și fără piele
1/2 cană brânză ricotta
1/2 cană pesto
Sare si piper
Ulei de masline
Instrucțiuni:

Preîncălziți cuptorul la 375°F.

Într-un castron, amestecați brânza ricotta și pesto.

Tăiați câte un buzunar în fiecare piept de pui și umpleți cu amestecul de ricotta.

Se condimentează exteriorul pieptului de pui cu sare și piper.

Încinge ulei de măsline într-o tigaie mare la foc mediu-mare.

Prăjiți pieptul de pui pe ambele părți până devin maro auriu.

Transferați pieptul de pui într-o tavă de copt și coaceți timp de 25-30 de minute sau până când temperatura internă atinge 165°F.

FUNDE Ș I DIPS

73. **Brick Cheese Dip**

Face: 2 portii

INGREDIENTE:
- 3 oz brânză ricotta
- 3 oz brânză de cărămidă proaspăt rasă
- 3 linguri frunze proaspete de cimbru
- 6 oz brânză de capră
- 1 oz brânză tare parmezan, proaspăt rasă
- 4 fasii de bacon taiat gros, fiert si maruntit
- Sare si piper, dupa gust

INSTRUCȚIUNI:
a) Pregătiți cuptorul pentru prăjire.
b) Combinați toate ingredientele într-o tavă de copt.
c) Presărați parmezan peste farfurie.
d) Coaceți în cuptorul preîncălzit timp de 5 minute sau până când brânza începe să se rumenească și să bule.
e) Scoateți din cuptor și serviți imediat.

74. Fondue de brânză feta și ricotta

Face: 4 portii

INGREDIENTE:
- 3 linguri de unt sau margarina
- 4 uncii de brânză Feta cuburi de 1/2".
- ⅛ linguriță de piper, negru
- 1 Lămâie, suc de
- 1 lingura patrunjel, tocat
- 1 cană brânză ricotta

Directii
a) Topiți untul într-o tigaie grea de 8 inci sau într-o cratiță de 1 litru la foc mic.
b) Adăugați brânza feta și ricotta și piper. Gătiți, amestecând constant, și pisând ușor brânzeturile, până când se înmoaie și încep să clocotească - aproximativ 5 minute.
c) Se amestecă zeama de lămâie și se ornează cu pătrunjel dacă se dorește. Serviți deodată; pe măsură ce fonduea se răcește, își pierde din savoare.

75. Cărămidă Brânză Dip

Produce: 2 Porții

INGREDIENTE:
- 3 oz ricotta brânză
- 3 oz proaspăt răzuit cărămidă brânză
- 3 linguri proaspăt cimbru frunze
- 6 oz capră brânză
- 1 oz parmezan greu brânză, proaspăt răzuit
- 4 benzi tăiat gros slănină, gătit și sfărâmat
- Sare și piper, la gust

INSTRUCȚIUNI:
a) A pregati cel cuptor pentru la grătar.
b) Combina toate de ingredientele în A coacerea farfurie.
c) Stropiți cel parmezan brânză peste cel farfurie.
d) Coace în A preîncălzit cuptor pentru 5 minute, sau pana cand cel brânză începe la maro și bule.
e) Elimina din cel cuptor și servi imediat.

76. Ricotta de caju bătută

Produce: 2 cesti

INGREDIENTE:
- 2 căni de caju crude
- ¼ cană de mușchi de mare
- ¾ cană apă filtrată
- 1 lingurita rejuvelac
- 2 lingurite suc proaspat de lamaie
- 2 linguri aquafaba
- 1 lingurita sare de mare celtica

INSTRUCȚIUNI:
a) Puneți caju-urile în apă filtrată într-un castron mic. Acoperiți și lăsați la frigider peste noapte.
b) Clătiți foarte bine mușchiul de mare într-o strecurătoare până când tot nisipul este îndepărtat și mirosul oceanului dispare. Apoi puneți-l în apă într-un castron mic. Acoperiți și lăsați la frigider peste noapte.
c) Scurgeți mușchiul de mare și puneți-l în ulciorul unui blender cu ½ cană de apă. Se amestecă la viteză mare timp de 1 minut sau până se emulsionează. Măsurați 2 linguri și rezervați restul.
d) Într-un castron curat al blenderului, puneți caju, mușchiul de mare emulsionat, rejuvelac, ¼ de cană de apă rămasă și sarea. Se mixează la viteză medie, folosind pistonul pentru a distribui uniform amestecul, oprind și pornind până când totul este bine încorporat.
e) Transferați brânza în centrul unei bucăți de pânză fină de 8 inci. Strângeți marginile și legați-le într-un mănunchi cu sfoară.
f) Puneți pachetul de pânză de brânză în deshidrator și deshidratați la 90 de grade F timp de 24 de ore.
g) Transferați brânza în bolul unui robot de bucătărie și pulsați până când textura este ușoară și pufoasă.

77. Dip de ricotta cu lamaie

1 cană de brânză ricotta
2 linguri ulei de masline
2 linguri suc proaspăt de lămâie
2 catei de usturoi, tocati
1/2 lingurita sare
1/4 lingurita piper negru
Coaja de lamaie, pentru decor
Instrucțiuni: Într-un castron, amestecați brânza ricotta, uleiul de măsline, sucul de lămâie, usturoiul, sare și piper negru până se omogenizează. Transferați diep-ul într-un vas de servire și decorați cu coajă de lămâie. Serviți cu legume, biscuiți sau pâine.

78. <u>Sos de rosii Ricotta</u>

1 cană de brânză ricotta
1/2 cană sos de roșii
2 linguri de parmezan ras
1 lingurita oregano uscat
1/2 lingurita praf de usturoi
Sare si piper, dupa gust
Instructiuni: Intr-o cratita se incinge sosul de rosii la foc mediu. Adăugați brânză ricotta, parmezan, oregano, praf de usturoi, sare și piper. Gatiti 5-7 minute, amestecand din cand in cand, pana cand sosul este incalzit si branza se topeste. Serviți peste paste, pizza sau legume la grătar.

79. Dip cu ardei roșu prăjit și ricotta

1 cană de brânză ricotta
1/2 cană ardei roșii prăjiți, tocați
2 linguri ulei de masline
1 lingura suc de lamaie
1 catel de usturoi, tocat
1/4 lingurita sare
1/4 lingurita piper negru

Instructiuni: Intr-un robot de bucatarie, amestecati branza ricotta, ardei rosu prajit, ulei de masline, zeama de lamaie, usturoi, sare si piper negru pana se omogenizeaza. Transferați dip-ul într-un vas de servire și serviți cu chipsuri pita, biscuiți sau legume proaspete.

80. Dip de ricotta cu ierburi

1 cană de brânză ricotta
1 lingura arpagic proaspat tocat
1 lingura patrunjel proaspat tocat
1 lingura de marar proaspat tocat
1/2 lingurita praf de usturoi
1/4 lingurita sare
1/4 lingurita piper negru
Instrucțiuni: Într-un castron, amestecați branza ricotta, arpagicul, pătrunjelul, mărarul, pudra de usturoi, sarea și piperul negru până se omogenizează bine. Transferați diep-ul într-un vas de servire și serviți cu legume proaspete sau biscuiți.

81. Dip de ricotta cu miere și scorțișoară

1 cană de brânză ricotta
2 linguri de miere
1 lingurita scortisoara macinata
1/4 lingurita extract de vanilie
Vârf de cuțit de sare
Instructiuni: Intr-un castron, amestecati branza ricotta, mierea, scortisoara, extractul de vanilie si sarea pana se omogenizeaza. Transferați dip-ul într-un vas de servire și serviți cu fructe proaspete sau biscuiți graham.

DESERT

82. Plăcintă italiană cu anghinare

Face: 8 portii

INGREDIENTE:
- 3 Ouă; Bătut
- Pachet de 3 uncii Cremă de brânză cu arpagic; Înmuiat
- ¾ de lingurita Praf de usturoi
- ¼ de lingurita Piper
- 1½ cană Brânză Mozzarella, lapte parţial degresat; Mărunţit
- 1 cană Brânză ricotta
- ½ cană Maioneză
- Cutie de inimi de anghinare de 14 uncii; Drenat
- Cutie de 8 uncii Fasole Garbanzo, Conserve; Clătit şi drenat
- 2¼ uncie cutie măsline feliate; Drenat
- Borcan de 2 uncii Pimientos; Cubuleţe şi scurs
- 2 linguri Pătrunjel; Tăiat
- 1 Crustă de plăcintă (9 inchi); Necopt
- 2 mici Roşie; Taiat

INSTRUCŢIUNI:
a) Combinaţi ouăle, crema de brânză, pudra de usturoi şi ardeiul într-un castron mare.
b) Combinaţi 1 cană de brânză mozzarella, brânză ricotta şi maioneza într-un castron.
c) Se amestecă până se omogenizează totul bine.
d) Tăiaţi 2 inimioare de anghinare în jumătate şi lăsaţi-le deoparte. Tăiaţi restul inimii.
e) Se amestecă amestecul de brânză cu inimioare tocate, fasole garbanzo, măsline, pimiento şi pătrunjel. Umpleţi coaja de patiserie cu amestecul.
f) Se coace 30 de minute la 350 de grade. Deasupra trebuie presărate restul de brânză mozzarella şi parmezan.
g) Coaceţi încă 15 minute sau până când se fixează.
h) Se lasa sa se odihneasca 10 minute.
i) Deasupra, aranjaţi felii de roşii şi inimioare de anghinare tăiate în sferturi.

83. Plăcintă cremoasă de ricotta

Produce: 6

INGREDIENTE:
- 1 crustă de plăcintă cumpărată din magazin
- 1 ½ kg de brânză ricotta
- ½ cană brânză mascarpone
- 4 oua batute
- ½ cană zahăr alb
- 1 lingura rachiu

INSTRUCȚIUNI:
a) Preîncălziți cuptorul la 350 de grade Fahrenheit.
b) Combinați toate ingredientele de umplutură într-un bol de amestecare. Apoi turnați amestecul în crustă.
c) Preîncălziți cuptorul la 350°F și coaceți timp de 45 de minute.
d) Dă plăcinta la frigider pentru cel puțin 1 oră înainte de servire.

84. Tort cu lapte de trandafiri

Produce: 6

INGREDIENTE:
- 15 uncii de grăsime brânză ricotta
- ½ cană zahăr
- 2 lingurițe de făină universală
- 1 lingurita cardamom macinat
- ½ linguriță pudră de curry
- 1 lingurita esenta de trandafir
- 3 oua mari, la temperatura camerei
- 2 sau 3 picături de colorant alimentar natural roșu

INSTRUCȚIUNI:
a) Într-un castron mare, încorporează bine ricotta, zahărul, făina, cardamomul, curry și esența de trandafir.
b) Se amestecă ouăle pe rând, pe rând.
c) Turnați aluatul în tava care a fost pregătită. Adăugați colorantul alimentar în amestec.
d) Așezați tigaia pe grătar în Instant Pot și acoperiți-o cu un prosop de hârtie.
e) Preîncălziți cuptorul la 400 ° F și gătiți timp de 40 de minute la presiune mare.
f) Lasam prajitura sa se raceasca aproximativ o ora pe blat inainte de servire.

85. Prajitura cu branza

Produce: 4

INGREDIENTE:
- 1 kilogram de brânză ricotta
- 1 kilogram cremă de brânză
- 1 pachet de smantana
- ¼ de kilogram de unt
- 4 ouă
- 1½ cani de zahar
- 3 linguri de suc de lamaie
- 3 linguri de faina
- 3 linguri amidon de porumb
- 3 lingurite de vanilie

INSTRUCȚIUNI:
a) Combinați 4 ouă, câte unul.
b) Adăugați 1½ cană de zahăr, 3 linguri de suc de lămâie, 3 linguri de făină, 3 linguri de amidon de porumb și 3 linguri de vanilie.
c) Ungeți o tavă bună, acoperiți tava cu pesmet de pâine Graham și coaceți timp de 1 oră la 350 de grade F.
d) Opriți cuptorul și lăsați la cuptor încă 1 oră.
e) Se răcește complet înainte de a îndepărta partea laterală. Lăsați partea de jos.

86. Gelat de ricotta

Produce: 4

INGREDIENTE:
- 2 cani de lapte
- 5 gălbenușuri de ou
- 1 cană zahăr
- 1 cană smântână groasă
- 1 ½ cană de brânză ricotta
- 1 lingurita extract de vanilie

INSTRUCȚIUNI:
a) Într-o cratiță, amestecați laptele cu zahărul și gălbenușurile de ou și gătiți la foc mic timp de 5-10 minute până se îngroașă și se îmbracă pe dosul unei linguri.
b) Se ia de pe foc si se lasa sa se raceasca la temperatura camerei. Amestecați smântâna groasă, ricotta și vanilia, apoi transferați amestecul în aparatul de înghețată. Congelați conform instrucțiunilor furnizate de producător.

87. Gelat ricotta cu sos de mure

Face: 1 porție

INGREDIENTE:
PENTRU GELATO
- 1¼ cană Jumătate și jumătate
- 1¼ cană lapte
- 16 uncii ricotta din lapte integral
- ½ cană de zahăr
- baton de scorțișoară de 3 inci
- Fâșie de 2 inci de coajă de lămâie
- 2 linguri sirop de porumb usor
- ¼ lingurita de vanilie

PENTRU SOS DE MURE
- 1 cană de zahăr
- ¼ cană apă
- 2 căni de mure
- 1 lingura suc proaspat de lamaie
- 1 lingurita Creme de cassis
- 1 mango; fără sâmburi, decojite și tăiate cubulețe pentru decor
- Mure pentru garnitură

INSTRUCȚIUNI:
a) Pregătiți gelato: într-o cratiță amestecați jumătatea, laptele, ricotta și zahărul, adăugați batonul de scorțișoară și aduceți amestecul la fiert, amestecând. Se ia tigaia de pe foc, se adauga coaja si se lasa amestecul sa stea, acoperit, timp de 10 minute. Forțați amestecul printr-o sită fină pusă peste un bol și adăugați siropul de porumb și vanilia.

b) Răciți amestecul, acoperit, până se răcește și congelați-l într-un congelator de înghețată conform instrucțiunilor producătorului. Împachetați gelato-ul strâns în șase forme de ½ cană de dariol sau alte forme, acoperiți fiecare formă cu folie de plastic și congelați gelato-ul timp de 30 de minute sau până când este gata de servit.

c) Faceți sosul de mure: Într-o cratiță grea topiți zahărul la foc moderat, amestecând cu o furculiță, și gătiți siropul, răsturnând din când în când tigaia, până devine un caramel auriu. Lucrând cu atenție și rapid, amestecați apa, murele, sucul de lămâie și creme de cassis (amestecul va bule), amestecând până când amestecul se combină bine și fierbeți amestecul la foc moderat până când caramelul se dizolvă. Se strecoară amestecul printr-o sită fină pusă peste un vas, apăsând puternic pe solide și se da la rece sosul, acoperit, până se răcește.

d) Împărțiți sosul în 6 farfurii de desert, desfaceți gelato-ul și aranjați-l în centrul farfurioarelor. Ornați fiecare porție cu puțin mango și mure.

88. Plăcintă cu ierburi

Produce: 4

INGREDIENTE
- 2 linguri ulei de măsline, plus suplimentar pentru periajul aluatului
- 1 ceapă mare, tăiată cubulețe
- 1 lb / 500 g smog elvețian, tulpini și frunze mărunțite mărunt, dar păstrate separat
- 5 oz / 150 g țelină, feliată subțire
- 1¾ oz / 50 g ceapă verde, tocată
- 1¾ oz / 50 g rucola
- 1 oz / 30 g pătrunjel cu frunze plate, tocat
- 1 oz / 30 g menta, tocata
- ¾ oz / 20 g mărar, tocat
- 4 oz / 120 g branza anari sau ricotta, maruntita
- 3½ oz / 100 g brânză Cheddar învechită, rasă
- 2 oz / 60 g brânză feta, mărunțită
- coaja rasa a 1 lamaie
- 2 ouă mari crescute în aer liber
- ⅓ linguriță sare
- ½ linguriță piper negru proaspăt măcinat
- ½ linguriță zahăr superfin
- 9 oz / 250 g aluat filo

INSTRUCȚIUNI
a) Preîncălziți cuptorul la 400 ° F / 200 ° C. Se toarnă uleiul de măsline într-o tigaie mare, adâncă, la foc mediu. Adăugați ceapa și căliți timp de 8 minute fără să se rumenească. Adăugați tulpinile de smog și țelina și continuați să gătiți timp de 4 minute, amestecând din când în când. Adăugați frunzele de smog, creșteți focul la mediu-mare și amestecați în timp ce gătiți timp de 4 minute, până când frunzele se ofilesc. Adăugați ceapa verde, rucola și ierburile și gătiți încă 2 minute. Se ia de pe foc si se transfera intr-o strecuratoare pentru a se raci.

b) Odată ce amestecul s-a răcit, stoarceți cât mai multă apă și transferați-l într-un bol de amestecare. Adăugați cele trei brânzeturi, coaja de lămâie, ouăle, sare, piper și zahărul și amestecați bine.

c) Întindeți o foaie de aluat filo și ungeți-o cu puțin ulei de măsline. Acoperiți cu o altă foaie și continuați în același mod până când aveți 5 straturi de filo periate cu ulei, toate acoperind o zonă suficient de mare pentru a căptuși părțile laterale și fundul unui vas de plăcintă de 8½ inchi / 22 cm, plus suplimentar pentru a atârna peste margine. Tapetați forma de plăcintă cu aluat, umpleți cu amestecul de ierburi și pliați excesul de aluat peste marginea umpluturii, tăind aluatul după cum este necesar pentru a crea un chenar de ¾ inch / 2 cm.

d) Faceți un alt set de 5 straturi filo unse cu ulei și puneți-le peste plăcintă. Strângeți puțin aluatul pentru a crea un blat ondulat și neuniform și tăiați marginile astfel încât să acopere plăcinta. Ungeți generos cu ulei de măsline și coaceți timp de 40 de minute, până când filo devine un brun auriu frumos. Scoateți din cuptor și serviți cald sau la temperatura camerei.

89. Burekas

Produce: 18 PLĂTURI MICI

INGREDIENTE
- 1 lb / 500 g aluat foietaj de cea mai bună calitate, din unt
- 1 ou mare crescător în aer liber, bătut

Umplutura de RICOTTA
- ¼ cană / 60 g brânză de vaci
- ¼ cană / 60 g brânză ricotta
- ⅔ cană / 90 brânză feta mărunțită
- 2 linguri / 10 g unt nesarat, topit

Umplutura de pecorino
- 3½ linguri / 50 g branza ricotta
- ⅔ cană / 70 g brânză pecorino învechită rasă
- ⅓ cana / 50 g branza Cheddar maturata rasa
- 1 praz, tăiat în segmente de 2 inchi / 5 cm, albit până când se înmoaie și tocat fin (¾ cană / 80 g în total)
- 1 lingura patrunjel cu frunze plate tocat
- ½ linguriță piper negru proaspăt măcinat

SEMINTE
- 1 linguriță de semințe de nigella
- 1 lingurita de seminte de susan
- 1 linguriță de semințe de muștar galben
- 1 linguriță de semințe de chimen
- ½ linguriță fulgi de chile

INSTRUCȚIUNI

a) Întindeți aluatul în două pătrate de 12 inchi / 30 cm fiecare ⅛ inch / 3 mm grosime. Asezam foile de patiserie pe o tava tapetata cu pergament — se pot odihni una peste alta, cu o foaie de pergament intre ele — si lasam la frigider 1 ora.

b) Puneți fiecare set de ingrediente de umplutură într-un bol separat. Se amestecă și se pune deoparte. Se amestecă toate semințele într-un bol și se lasă deoparte.

c) Tăiați fiecare foaie de patiserie în pătrate de 4 inci / 10 cm; ar trebui să obțineți 18 pătrate în total. Împărțiți prima umplutură în mod egal între jumătate din pătrate, punând-o cu lingura în centrul fiecărui pătrat. Ungeți două margini adiacente ale fiecărui pătrat cu ou și apoi pliați pătratul în jumătate pentru a forma un triunghi. Împingeți orice aer și prindeți ferm părțile laterale. Vrei să presați foarte bine marginile pentru a nu se deschide în timpul gătirii. Repetați cu pătratele de patiserie rămase și cu a doua umplutură. Puneți pe o tavă de copt tapetată cu pergament și lăsați la frigider pentru cel puțin 15 minute pentru a se întări. Preîncălziți cuptorul la 425 ° F / 220 ° C.

d) Ungeți cele două margini scurte ale fiecărui aluat cu ou și scufundați aceste margini în amestecul de semințe; o cantitate mică de semințe, doar ⅙ inch / 2 mm lățime, este tot ceea ce este necesar, deoarece acestea sunt destul de dominante. Ungeți și partea de sus a fiecărui produs de patiserie cu puțin ou, evitând semințele.

e) Asigurați-vă că produsele de patiserie sunt distanțate la aproximativ 3 cm. Coaceți timp de 15 până la 17 minute, până se rumenesc peste tot. Se serveste cald sau la temperatura camerei. Dacă o parte din umplutură se revarsă din produse de patiserie în timpul coacerii, introduceți-o ușor înapoi când sunt suficient de rece pentru a fi manipulate.

90. Mutabaq

Produce: 6

INGREDIENTE
- ⅔ cană / 130 g unt nesărat, topit
- 14 foi de aluat filo, 12 pe 15½ inchi / 31 pe 39 cm
- 2 cesti / 500 g branza ricotta
- 9 oz / 250 g brânză moale din lapte de capră
- fistic nesărat zdrobit, pentru ornat (opțional)
- SIROP
- 6 linguri / 90 ml apă
- rotunjit 1⅓ cani / 280 g zahar superfin
- 3 linguri suc de lamaie proaspat stors

INSTRUCȚIUNI

a) Încinge cuptorul la 450 ° F / 230 ° C. Ungeți o tavă de copt cu margine mică de aproximativ 28 pe 37 cm cu puțin unt topit. Întindeți o foaie filo deasupra, înfigând-o în colțuri și lăsând marginile să atârne. Ungeți peste tot cu unt, acoperiți cu o altă foaie și ungeți din nou cu unt. Repetați procesul până când aveți 7 foi stivuite uniform, fiecare unită cu unt.

b) Puneti ricotta si branza de capra intr-un castron si pasati impreuna cu o furculita, amestecand bine. Întindeți peste foaia filo de sus, lăsând ¾ inch / 2 cm liber în jurul marginii. Ungeți suprafața brânzei cu unt și acoperiți cu restul de 7 foi de filo, untând fiecare pe rând cu unt.

c) Folosiți foarfece pentru a tăia aproximativ ¾ inch / 2 cm de margine, dar fără a ajunge la brânză, astfel încât să rămână bine sigilată în aluat. Folosiți degetele pentru a înfige ușor marginile filo sub aluat pentru a obține o margine îngrijită. Ungeți cu mai mult unt peste tot. Folosiți un cuțit ascuțit pentru a tăia suprafața în pătrate de aproximativ 2¾ inci / 7 cm, permițând cuțitului să ajungă aproape în partea de jos, dar nu complet. Coaceți timp de 25 până la 27 de minute, până devin aurii și crocante.

d) În timp ce aluatul se coace, pregătiți siropul. Intr-o cratita mica se pune apa si zaharul si se amesteca bine cu o lingura de lemn. Se pune la foc mediu, se aduce la fierbere, se adaugă sucul de lămâie și se fierbe ușor timp de 2 minute. Se ia de pe foc.

e) Turnați încet siropul peste aluat în momentul în care îl scoateți din cuptor, asigurându-vă că se înmoaie uniform. Se lasa la racit 10 minute. Se presara cu fistic zdrobit, daca se foloseste, si se taie in bucati.

91. Tiramisu cu fructe de lămâie

Face: 1 porție

INGREDIENTE:
- ⅓ cană concentrat de suc congelat de ananas-portocale-căpșuni, dezghețat
- 3 linguri Lichior de portocale sau suc de portocale
- 1 cană brânză ricotta ușoară
- ½ pachet (8 oz.) 1/3 cremă de brânză fără grăsime (Neufchatel), moale
- 1 conserve (15,75 oz) umplutură de plăcintă cu lămâie
- 2 pachete (3 oz) degete, împărțite
- 1 halbă (2 căni) de căpșuni proaspete tăiate felii
- ½ galanta (1 cana) de zmeura proaspata

Timp de preparare: 25 minute

INSTRUCȚIUNI:
a) Într-un castron mic, combinați sucul concentrat și lichiorul; amesteca bine. Pus deoparte.

b) Într-un castron mare cu mixerul electric, bate brânza ricotta și crema de brânză la viteză medie până se omogenizează. Adăugați umplutura de plăcintă; bateți până se omogenizează bine și devine pufos, răzuind părțile laterale ale bolului din când în când.

c) Tapetați partea inferioară a unui vas de copt de 12 x 8 inci (2 litri) cu jumătate de degete, cu partea tăiată în sus. Ungeți degetele cu jumătate din amestecul concentrat de suc.

d) Răspândiți uniform jumătate din umplutura de lămâie peste degete. Acoperiți cu jumătate de căpșuni și zmeură. Repetați straturile. Dati la frigider pana in momentul servirii. A se păstra la frigider.

92. Tiramisu cu parfum de portocale

Face: 8 portii

INGREDIENTE:
- 15 degete de burete; până la 16
- 150 mililitri Suc de portocale proaspăt stors
- 2 linguri Cointreau
- 1½ linguriță extract natural de vanilie
- 1 250 de grame de ricotta auto; sau folosiți jumătate ricotta, jumătate quark
- 2 linguri Marmeladă de portocale
- 50 grame ciocolată neagră solidă bogată în cacao; răzuit

INSTRUCȚIUNI:
a) Tapetați fundul unui vas de copt, dreptunghiular (30x18 cm) sau oval, cu un strat de burete. (Este posibil să trebuiască să rupeți câteva în jumătate).
b) Se amestecă sucul de portocale, Cointreau și o jumătate de linguriță de extract de vanilie. Presărați acest amestec peste degetele din burete, câte o lingură.
c) Combinați brânza ricotta, marmelada și vanilia rămasă în robotul de bucătărie. Gustați pe măsură ce mergeți și adăugați mai multă marmeladă dacă simțiți că este nevoie. Procesați până când amestecul este omogen și pufos, apoi întindeți-o pe degetele din burete.
d) Se presară uniform blatul cu ciocolată rasă și se da la rece până la nevoie.

93. Tiramisu preferat de familie

Face: 4 portii

INGREDIENTE:
- 1 prăjitură galbenă cumpărată din magazin sau -- 1 cutie de ladyfinger
- recipient de 16 oz de brânză ricotta ½ c. plus 2 linguri de zahăr ½ c smântână groasă
- 8 oz chipsuri de ciocolată semidulce
- 1½ c cafea tare
- Pudră de cacao neîndulcită

INSTRUCȚIUNI:
a) Pune un castron mediu la congelator. Tăiați prăjitura în felii de ½ inch. Într-un al doilea castron mediu, combinați ricotta cu ½ cană de zahăr.
b) Scoateți vasul din congelator și adăugați smântâna și bateți cu mixerul electric la putere mare până ține vârfurile tari. Cu o spatulă de cauciuc, îndoiți frișca în amestecul de ricotta. Încorporați fulgi de ciocolată.
c) Tapetați fundul unui bol adânc de sticlă cu felii de prăjitură, tăind tortul după cum este necesar pentru a acoperi fundul. Se amestecă zahărul rămas în cafea. Înmuiați pensula de patiserie în cafea și tamponați prăjitura până se înmoaie.
d) Cu o spatulă de cauciuc, întindeți ușor ¼ din amestecul de ricotta peste primul strat al prăjiturii. Aranjați un alt strat de prăjitură peste amestecul de ricotta și folosiți o pensulă de patiserie pentru a o înmuia cu cafea.
e) Acoperiți tortul cu un alt strat de amestec de ricotta. Repetați până când aveți 4 straturi din fiecare, terminând cu stratul de ricotta.
f) Se acopera si se da la frigider pentru cel putin 4 ore. Deasupra se presara pudra de cacao inainte de servire.

94. Hershey's Cremă mătăsoasă de cacao

Face: 8 portii

INGREDIENTE:
- 1 pachet Gelatina fara aroma
- ¼ cană Apă rece
- ½ cană Zahăr
- ⅓ cană HERSHEY'S cacao
- ¾ cană Lapte degresat
- ½ cană Ricotta parțial degresată cu conținut scăzut de grăsimi Brânză
- 1 lingurita Extract de vanilie
- ½ cană nelactate Topping batut g
- Căpșuni proaspete

INSTRUCȚIUNI:
a) Într-un castron mic, presară gelatină peste apă; se lasa 2 minute sa se inmoaie. Într-o cratiță medie, amestecați zahărul și cacao; se amestecă în lapte. Gatiti la foc mediu, amestecand continuu, pana cand amestecul este foarte fierbinte. Adăugați amestecul de gelatină; amestecând până când gelatina este complet dizolvată; turnați amestecul într-un bol mediu.
b) În blender sau vasul robotului de bucătărie, amestecați brânza ricotta și vanilia până la omogenizare; amestecați în toppingul bătut.
c) Încorporați treptat în amestecul de cacao; se toarnă imediat într-o formă de 2 căni. Dă la frigider până se întărește, aproximativ 2-3 ore. Se desface pe farfuria de servire. Serviți cu căpșuni, dacă doriți.

95. **Budinca Nutella**

Produce: 4-6 portii

INGREDIENTE:
- ½ cană alune de pădure decojite
- ½ lingură pudră de proteine din zer de vanilie
- 1 cană de brânză ricotta cu conținut scăzut de grăsimi
- 1 lingurita extract de vanilie
- 3 linguri pudră de cacao
- 2 linguri pudra de stevia

INSTRUCȚIUNI:
a) Mai întâi, preîncălziți cuptorul la 375 de grade și întindeți alune de pădure pe o foaie de copt înainte de a continua.
b) Acum puneți această foaie de copt în cuptorul cu microunde pentru aproximativ 12 minute și lăsați-o să se răcească.
c) Acum puneți alunele de pădure, stevia, ricotta, puterea de cacao, pudra de proteine de vanilie și vanilia în blender și amestecați până la omogenizare.

96. Cheesecake congelat cu smochine

Face: 12 felii

INGREDIENTE:
- 1 cană firimituri de biscuiți Graham
- 1 cană plus 2 linguri de zahăr granulat
- 4 linguri de unt, topit
- 2 cani de branza ricotta, scursa
- 8 uncii de cremă de brânză
- 1 lingura amidon de porumb
- 4 ouă mari
- 2 lingurite extract de vanilie
- Ciupiți de sare
- ⅓ cană gem de smochine

INSTRUCȚIUNI:
a) Încinge cuptorul la 340°F (171°C). Înfășurați interiorul unei tavi arcuite de 9 inchi (23 cm) cu folie de aluminiu. Pulverizați cu spray de gătit antiaderent și lăsați deoparte.
b) Într-un castron mic, combinați firimiturile de biscuiți Graham, 2 linguri de zahăr și untul. Apăsați în fundul tigaii pregătite. Se da la rece 30 de minute la frigider.
c) Într-un castron mare, adăugați brânză ricotta, cremă de brânză, 1 cană de zahăr rămasă și amidonul de porumb. Se amestecă bine cu un mixer electric la viteză medie. Adauga ouale pe rand, batand la viteza mica dupa fiecare adaugare. Adăugați extract de vanilie și sare și bateți la viteză mică până se încorporează.
d) Scoateți crusta din frigider. Se toarnă aluatul în crustă. Învârtiți ușor dulceața de smochine în cheesecake pentru un efect marmorat. Puneți tigaia într-o tigaie mai mare cu apă fierbinte, astfel încât tigaia cu arc să fie pe jumătate scufundată.
e) Coaceți timp de 55 de minute până la 1 oră. Tortul ar trebui să fie pus, dar totuși, să aibă o ușoară zbârcire. Scoateți din tigaia mai mare cu apă și răciți pe un gratar până ajunge la temperatura camerei.

f) Glisați un cuțit pentru unt în jurul marginii interioare a tăvii pentru a separa cheesecake-ul de tavă, apoi desfaceți partea exterioară a tăvii. Răciți timp de 1 oră, apoi congelați timp de 4 ore. Lăsați să stea la temperatura camerei timp de 10 până la 15 minute înainte de a tăia și a servi.

g) Depozitare: Păstrați bine învelit în folie de plastic la congelator timp de până la 1 lună.

97. Tarta cu branza alsaciana

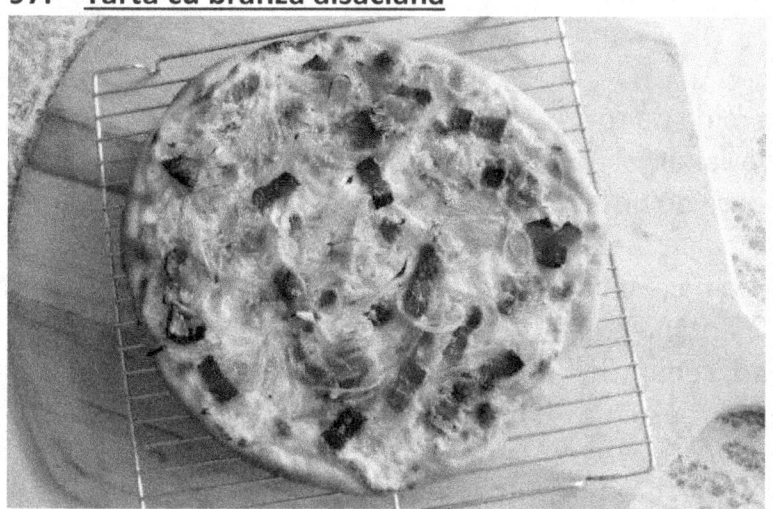

Randament: 10 portii

Ingredient
- 4 cani de faina de tort
- ⅝ cană de zahăr
- 2½ bețișoare de unt dulce
- 1 ou întreg
- 16 uncii Fromage blanc SAU brânză de fermier SAU brânză ricotta
- ¾ cană smântână grea
- 4 ouă mari, separate
- liniuță Suc proaspăt de lămâie
- strânge semințe proaspete de boabe de vanilie SAU
- 2 picături până la 3 picături extract de vanilie
- 2 linguri Kirsch
- ¾ cană până la 1 cană zahăr
- ½ lingurita scortisoara macinata
- 1 lingurita extract de vanilie
- Coaja rasă de 1/2 lămâie

Directii

a) ALUATUL: Amestecați bine toate ingredientele, fără a suprasolicita aluatul. Lăsați aluatul să se odihnească 30 de minute înainte de utilizare.

b) Preîncălziți cuptorul la 375F. Întindeți aluatul pe suprafața tapetă cu făină și tapetați cu aluat fundul și părțile laterale ale unei tavi de tartă/plăcintă de 9 până la 10 inci.

c) Bateți smântâna și fromage blanc într-un castron; adăugați gălbenușuri, zahăr, scorțișoară, vanilie, kirsch și coaja de lămâie. Se amestecă bine până se omogenizează. Bate albușurile spumă până se întărește și amestecă ușor în aluat. Turnați aluatul în tava tapetată cu aluat.

d) Coaceți timp de 40 până la 45 de minute sau până când este ușor umflat și foarte maro. Răciți complet tarta, apoi răciți câteva ore înainte de a o tăia.

98. Tartă mediteraneană cu brânză

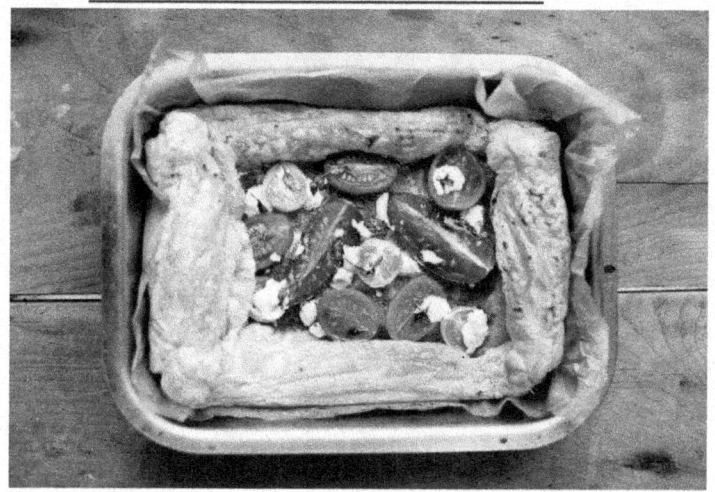

Randament: 12 porții

Ingredient
- 8 Foi de aluat filo congelat; dezghețat
- ¼ cană Unt; topit
- ¼ cană Branza parmezan; răzuit
- ½ cană Ceapă; tocat
- 1 lingurita Rozmarin proaspăt; tăiat
- ¼ de lingurita Rozmarin uscat, zdrobit)
- 1 lingura Ulei de masline
- 5 uncii Spanac tocat congelat; dezghețat
- ⅓ cană Nuci de pin sau nuci prajite
- 1 Ou
- 1 cană Brânză ricotta
- ½ cană Brânză feta; sfărâmat
- ¼ cană Roșii uscate în pachet cu ulei; drenat
- ¼ de lingurita Piper măcinat grosier
- 1 lingura Branza parmezan; răzuit

Directii

a) Desfacere filo; acoperiți cu folie de plastic sau cu un prosop umed pentru a nu se usca. Pe o suprafață de lucru uscată, puneți o foaie de filo; se unge cu unt.

b) Acoperiți cu o altă foaie de filo, ungeți cu unt și stropiți cu 1 lingură de parmezan. Repetați cu foile de filo rămase, unt și parmezan. Folosind foarfece de bucătărie, tăiați phyllo într-un cerc de 11 inchi.

c) Puneți filo-ul uniform în tigaia pregătită, pliând după cum este necesar și având grijă să nu rupeți phyllo-ul. Acoperiți tava cu un prosop umed; pus deoparte.

d) Pentru umplutură: gătiți ceapa și rozmarinul în ulei de măsline într-o cratiță medie până când ceapa este fragedă. Se amestecă spanacul și nucile de pin (sau nucile).

e) Răspândiți în tava cu formă de arc căptușită cu filo. Pus deoparte.

f) Bateți ușor oul într-un castron mediu. Se amestecă ricotta, feta, roșiile și ardeiul. Se întinde cu grijă peste amestecul de spanac. Se presara cu 1 lingura de parmezan.

g) Așezați tava cu formă de arc pe o tavă de copt puțin adâncă pe grătarul cuptorului. Coaceți în cuptorul de 350°C timp de 35 până la 40 de minute sau până când centrul pare să fie aproape fixat când este agitat.

h) Răciți tarta într-o tavă sub formă de primăvară pe un grătar timp de 5 minute. Slăbiți părțile laterale ale tigaii. Se răcește încă 15 până la 30 de minute. Înainte de servire, îndepărtați părțile laterale ale tavii cu arc. Serviți cald.

99. Plăcintă italiană cu anghinare

Porții : 8 porții

Ingredient

- 3 Ouă; Bătut
- 1 Pachet de 3 oz cremă de brânză cu arpagic; Înmuiat
- ¾ de lingurita Praf de usturoi
- ¼ de lingurita Piper
- 1½ cană Brânză Mozzarella, lapte parțial degresat; Măruntit
- 1 cană Brânză ricotta
- ½ cană Maioneză
- 1 14 oz cutie de inimi de anghinare; Drenat
- ½ 15 oz cutie de fasole garbanzo, la conserva; Clătit și drenat
- 1 2 1/4 oz cutie măsline feliate; Drenat
- 1 2 Oz Borcan Pimientos; Cubulețe și scurs
- 2 linguri Pătrunjel; Tăiat
- 1 Crustă de plăcintă (9 inch); Necopt
- 2 mici Roșie; Taiat

Directii :

a) Combinați ouăle, crema de brânză, pudra de usturoi și piperul într-un lighean mare. Combinați 1 cană de brânză mozzarella, brânză ricotta și maioneza într-un castron.

b) Se amestecă până se omogenizează totul bine.

c) Tăiați 2 inimioare de anghinare în jumătate și lăsați deoparte. Tăiați restul inimii.

d) Se amestecă amestecul de brânză cu inimile tocate, fasolea garbanzo, măslinele, pimenturile și pătrunjelul. Umpleți coaja de patiserie cu amestecul.

e) Se coace 30 de minute la 350 de grade. Deasupra trebuie presărate restul de brânză mozzarella și parmezan.

f) Coaceți încă 15 minute sau până când se fixează.

g) Se lasa sa se odihneasca 10 minute.

h) Deasupra, aranjați felii de roșii și inimioare de anghinare tăiate în sferturi.

i) Servi

100. Tarta de ricotta si rosii

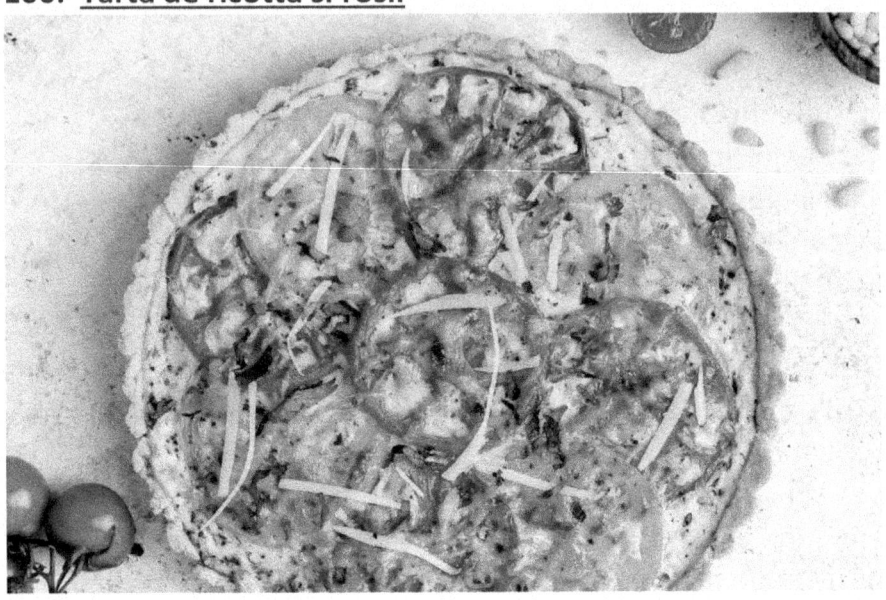

Ingrediente:

1 crustă de plăcintă
1 cană de brânză ricotta
2 ouă mari
1/4 cană parmezan ras
1/4 lingurita. sare
1/4 lingurita. piper negru
2 roșii mari, tăiate felii
Frunze de busuioc proaspăt

Instrucțiuni:

Preîncălziți cuptorul la 375°F.

Întindeți crusta de plăcintă și puneți-o într-o tavă de tartă de 9 inci.

Într-un castron, amestecați branza ricotta, ouăle, parmezanul, sare și piper.

Turnați amestecul în crusta de plăcintă.

Aranjați felii de roșii deasupra amestecului de ricotta.

Coaceți timp de 35-40 de minute, sau până când umplutura este fixată.

Lăsați să se răcească câteva minute înainte de servire.

Se ornează cu frunze proaspete de busuioc.

CONCLUZIE

In concluzie, branza ricotta este un ingredient delicios si versatil care poate fi folosit in multe retete. Indiferent dacă preferați mâncăruri sărate precum lasagna sau dulciuri precum cheesecake, brânza ricotta poate adăuga o textură cremoasă și delicioasă mâncărurilor tale preferate. Încercând unele dintre rețetele de brânză ricotta pe care le-am împărtășit în acest articol, puteți descoperi noi modalități de a folosi acest ingredient versatil și de a vă impresiona familia și prietenii cu abilitățile dumneavoastră culinare. Deci, dă-i drumul și încearcă aceste rețete – papilele tale gustative îți vor mulțumi!

www.ingramcontent.com/pod-product-compliance
Lightning Source LLC
LaVergne TN
LVHW021657060526
838200LV00050B/2399